猴面包树

谁在你的
房间里？

Who's in Your Room

?

Stewart Emery
Ivan Misner
Doug Hardy

The Question That Will Change Your Life

[澳] 斯图尔特·埃默里 著
[美] 伊万·米斯纳 著
[美] 道格·哈迪 著
闫茗 译

浙江教育出版社·杭州

To

all of you who embrace

self-authorship of your life.

Living the quest for the best version of yourself

in the company of others who are likewise engaged

is the purpose of this book.

致

所有拥抱自我创作的人

在公司中追求最好的自己

这是本书的目的

Introduction

You Become Whom You Are With

引言

你会成为
你的同行者

想象一下，你一生都在同一个房间度过。

历经多年，我们将这一观念介绍给成千上万的人，而这些人惊异于如此简单的概念竟具有重塑他们人生的力量。许多人在想象自己房间的时候，当即惊叹"我的天啊"。一些人的房间宽敞舒适，但另一些人的房间则混乱不堪。一些人全情投入，重忆往昔，并表示对于他们而言，这个理念带来的感觉就像是此前人生在眼前高倍速回放。一些人看到了象征意义上的火车残骸；另一些人则发现自己需要更清晰的思路来专注于房间中最好的部分。几乎每个人在初次想象之后都会问我们，如何将这一观念扩展于实践体系，由此改善自己的生活。

我们的人际关系就是我们的人生，从很现实的角度出发，你会成为与你同行的人。你的感受、互动、信念、精神生活，以及雄心都由受邀参与你人生的来客塑造。还有一点同样重要，人际关系的质量取决于你如何经营它们，无论结果好坏。

本书提供了一个方法，让你可以鼓足勇气厘清生活中的一切关系。虽然问题很简单——其实，恰恰是因为问题简单——但它具备无限容量，适用于任何人生活中的细微之处，其中也包括你。

通过有意识地选择让哪些人住在你心理意义的房间里以及他们具体待在哪里，你可以收获巨大的能量来创造你想要的生活。

本书将脑科学、现代心理学与古代哲思融入书中，极力助你掌控自己的人生。

阅读本书，你将学到以下技能：

● 如何在有意识和潜意识的思维里审视人生中所有的人际关系；

● 如何定义一段对你而言有意义的人际关系；

● 如何探查人际关系网中的人们——无论在世与否，距离远近——以怎样的方式影响了你的思想、情绪与行动；

● 如何理解人们在你房间中的互动方式；

● 如何选择——谁可以进房间，进房间可以带什么，哪些人不能进；

● 如何将人们引向你房间中的正确位置，无论距离远近；

● 如何应对非要接近你的胡搅蛮缠者；

● 如何不失体面地说"不"。

这本书提供了一套十分高效的流程，帮助你选择谁在你的房间里。我们在书中提供了实践练习（带有箭头符号➡），你可以打造出与自我价值观和人生目标最相符的房间——换言之，过上你一直想要的生活。我们在书中分享了很多人的故事，他们在人生的关键时刻用上了哪项技能来厘清自身的处境，关于爱、友谊、金钱、胡搅蛮缠者，以及房间里发生的故事，引用一位朋友的话，"留下的每一丝气息"。在每一章的末尾，我们会收录一个更长的故事，我们知道这些故事的主人公所问的问题"谁在你的房间里"，在不同的情境中产生了更大的影响。（方便起见，我们采纳了文字编辑本杰明·德雷尔的建议，顺应 21 世纪的潮流，用"他们"指代一般人。和德雷尔一样，我们从小到大都用的是随处可见的"他"，也和他一样，我们还没有老到不愿改变。）

在每一个章节中，你都会读到我们多年来通过合力帮助人们掌控自己的房间所收获的小技巧和见解——即所谓的"房间法则"。

"谁在你的房间里？"这个问题已经被各行各业的人士运用过，他们的人生目标、价值观、梦想和理想各不相同。应届毕业生和退休人员以及任何中间年龄段的人士都可以使用。它已经帮助人们拥有了更好的情绪和健康的心理状态，对自己的目标有了更为清晰的认知，且各类人际关系也更为健康。根据这些人士的分享，将本书中的故事关联并适配到自己的人生境况中，让他们的人生在很多方面都有所改善。

这一方法从当下开始生效。你会开始处理来自过去的束缚因素，同时收获关于未来如何与人交往的新知。

是的，它的功效就是如此强大。

我们知道这个简单比喻的效用，因为我们毕生都在帮助他人做出更好的选择。斯图尔特·埃默里是当代人类潜能运动的创始人之一。几十年间，他帮助人们获得了属于自己的力量。他是一名企业家、高管教练，还是一名领导者，他根据全球畅销书《基业长青》(*Build to Last*)《从优秀到卓越》(*Good to Great*)《持久成功的哲学》(*Success Built to Last*) 中的研究成果，带领数千名员工与数百名管理者确立了企业愿景、价值观、战略以及领导力计划。他获得了约翰·肯尼迪大学授予的文学博士学位。伊万·米斯纳是全球最大的商业网络组织 Business Network International（即 BNI）的创始人兼首席前瞻性官（CVO），其成员每年会发出数百万次商业举荐、经手数十亿美元的业务。BNI 的核心原则正是人们通过互助获得成功的喜悦。美国有线电视新闻网（CNN）将米斯纳称为"现代网络之父"。米斯纳是《纽约时报》畅销书榜上22本书的作者。道格·哈迪在书籍、杂志和互联网出版领域担任了40年的编辑，他创作且与人合著的书籍多达18本，另撰有数百篇文章，特别关注人力资源（即员工）话题，以及如何构建可持续发展、不断成长和以人为本的组织文化。

综观我们的职业生涯，我们回到了这条永恒不变的真理，即我们的人生，或好或坏，都是由人际关系构成的，而认识到人际关系的真相之后，我们就可以做出更好的选择。

《谁在你的房间里？》是一封邀请函，包含了更好的人生以及所需路径的双重选择。许多年间，我们测试了从这个简单的比喻中衍生的许多理念，而这本书中收录的则是那些对于成千上万的过往使用者而言具有重大意义的理念。这是一条通过道路测验的进步之路。答案将会渗透并转变你人生中的每一个方面，带你踏上改变之旅。这不仅仅是我们对你的承诺，也可以是你对自己的承诺。

目录
Contents

1 / 014

想象你生活在这个房间
Imagine You Live in This Room

2 / 032

你房间里最重要的人
The Most Important People in Your Room

3 / 050

环顾你的房间
Take a Look around Your Room

4 / 064

交易成就者，交易破坏者
Dealmakers and Dealbreakers

5 / 086

将你的价值观与生活联系起来
Linking Your Values to Your Life

6 / 104

更多可以用于房间的工具
More Tools for Your Room

7 / 122

开口拒绝，解放自我
The Liberating Power of Saying No

8 / 142

房间里的欢乐与隐患
Joys and Pitfalls of Your Room

9 / 168

好房间里发生的坏事
When Bad Things Happen in Good Rooms

10 / 188

活在自己的炽焰里，别囿于凝蜡
Live in Your Flame Not in Your Wax

1

Imagine You Live in This Room

想象你生活在
这个房间

想象一下，你一辈子都在同一个房间度过。所有与你有过交集的人共处一室，他们的脾气、过往与性格都在这个房间里展现，房间无限大。你可以更新自己的房间并扩容，以容纳新的人脉与新的可能性。房间的设计完全依据你的喜好而定。

不过，你的房间有一个独一无二且永久存在的特点：它只有一扇门，且永远都只会有一扇门。你也许会觉得这没什么大不了的，世界上那么多房间都只有一扇门。没错，但这扇门是单向门：只能进，不能出。他们一旦进门，连带你允许他们带进来的一切，都不能再出去——永远不能。他们会和行李一起在你的房间里同你共度余生。

这一概念对你很重要，因为你人生的品质就取决于谁在你的房间里。

再强调一遍：你人生的品质取决于谁在你的房间里。

你能成为怎样的人、是否幸福、能否成功，都深受这一概念的影响。你的一生中能否达成自洽并有所成就，取决于你如何接洽自己房间里的人。

你对这个观念的接受度如何？

谁在你的房间里？闭上双眼，用心观察，快速盘点。你可以从家人和朋友开始，你的商业伙伴、邻居，还有频繁出现在你社交媒体推送里的人。哪些人与你私交甚密？除此之外还有谁——与你共事的人、你想要留住的人，还是你巴不得不在房间里的人？

基于目前为止所看到的，问问自己，如果知道进门的人会永远待在房间里，那么关于谁可以进门、不让谁进门，你会不会做出不同的选择？我们问过的几乎所有人都给出了肯定的答案。

一旦你认识到这一点，眼前又会有两个重要的问题：一是你已经知道了进入房间的人不会出去，那要怎样选择哪些人可以待在你的房间里呢？二是已经进入的人，又该如何与之打交道呢？

到这个节点，一些人会退回最初设定的前提。"人们一旦进了我的房间就会永远在里面，这根本就是无稽之谈！"他们反驳道。但即使你的身体并不会在同一房间里度过一生，心理学上的真相却是那些人会永远留在你这间带有比喻意味的房间里。事实上，依据神经科医师的报告，就人脑而言，这个比喻相当贴切。阿门精神卫生诊所的创始人丹尼尔·阿门表示，脑内接收到的重要信息输入会触发神经活动，而这些活动无法被轻易抹去，也不会被删除得像没发生过一样。

如果某人伤害了你，对你刻薄，抑或是轻视你，他们会留在你的房间里，而他们的指纹遍布你的头脑，他们的声音留存于你脑内颞叶部位的声音识别区域，面容会留在面孔识别区域，而他们的行为则会刻在你的记忆里。你与某人相遇，某人便会停留在那里，从此不再离开。出于有意或是无意，人们可能会退出你的生活，但他们仍会留存在你的脑海里。他们说过的话与做过的事会从始至终地影响你的思维、行为与经历。

　　打个比方，你也许认定自己已经结束了一段关系，终止了一个项目或是不再履行某个承诺，但所有这些事件都留下了无法磨灭的记号——以形形色色的方式影响着你未来的人生体验，无论好坏，无论你是否愿意。

　　你梦到过那些已经离开了你的人吗？在你的潜意识里，他们仍停留在你的生活中。我们说"好真实的梦"的时候，正是在从心理学的角度去陈述一件事。当你梦到与某位离世但你敬爱的祖父母一起重游湖畔的时候，梦境中的思维就是在告诉你，某种意义上他们还健在，而那湖畔永远都在夏日。

　　这一点有利有弊。好消息是，上文不仅仅适用于那些惹是生非的角色。当有人真心爱你、夸赞你或娴熟地指导你时，情况也是如此。你刻薄的兄弟姐妹在场，但慈爱的祖父母也并未离开。

　　过往留存在你的心灵中，而未来也会一样。当它逐渐明朗时，也就成了你的过往。过去就是过去，过往无可挽回。你所采取的行动便是木已成舟，说出的话语则是覆水难收。

人际关系是什么？

　　我们在做这项工作的过程中，常常听到的一个问题就是："你们所说的人际关系指的是什么？"一些词对于不同的人来说意义也不同，"人际关系"也是其中之一。字典中的一种解释是"人与人联结的方式";另一种解释则为"人际联结的质量"。出于本书的目标,我们邀请你思考人际关系对你而言究竟意味着什么。保持一个开阔的思维,因为我们会不断发起挑战,让你深入思考自己拥有的每一段人际关系,并在此基础上做出决断。接下来再问,在你和你房间里的每个人之间,流动的是怎样的能量?是积极的还是消极的,抑或如生活中常见的情况一般,是两者动态且多变的混合物?

你是否为很久之前做过的事而后悔过,因而变得局促不安?我们认识一个人,在孩童时代曾加入学校霸凌新生的团伙。现在已迈入中年的他,回想当年时,仍会感到局促不安,甚至嘟囔道:"我很抱歉!"(如果他的妻子在身边,她就会问:"抱歉什么?")厉害的演员会把这种难为情的反应作为工具加以利用:通过深入地回想他们自己或悲伤或尴尬,抑或是愉悦地享受爱意的时刻,他们仍能沉浸于那些情绪中,即使催生了这些情绪的事件本身已经过去了很久,人们的潜意识仍会像在那时那地般记住并重温过往的情感。这一心理学现实正是许多伟大演出的核心,也是体验派表演的关键。我们觉得你大概有很多这一类快乐与不那么快乐的回忆。

我们之所以是现在的我们,既与他人有关,又与他人无关。从今往后,你可以仔细选择谁可以带着什么进入你的生活,进入你的人生。认真选择,你就会爱上自己的人生。好消息是,在本书中,我们会向你展示如何做出更好的选择从而极大地提升你的幸福感。当你有意识地设计自己的房间时，你的人生会有所转变。

这种思维方式永远是在展望未来，它不会让你焦虑地回望过去。

从环视四周开始

心理学家卡罗尔·德韦克 (Carol Dweck) 在她颇具影响力的著作《终身成长：重新定义成功的思维模式》(Mindset: The New Psychology of Success) 中揭示了一个重要发现：有成长型心态的人，克服挫折的能力比固定型心态的人更强。在德韦克的理论框架中，有成长型心态的人意味着相信才智可以随着时间的推移而发展，而有固定型心态的人则认为才智与生俱来。简而言之，这些观点塑造了两类人：一类是把挫折与失败视为可以克服的挑战 (有成长型心态的人)，一类则归因于与生俱来且永恒不变的能力欠缺 (有固定型心态的人)。

成长型心态适用于你的房间，你可能会觉得一些人际关系永远不可能改变。即使房间看似由你认识的所有人以及随身的行李所预先设定，但你还是可以决定如今哪些因素能在多大程度上限制你的成长，以及更有意识地为你的人生做出选择。

最好就从这里开始，从现在开始。让"谁在你的房间里？"的转变力量生效，需要从问句开始，而非冲动的行动。为了审视你的日常生活是如何被房间里的人塑造的，我们会要求你沉浸想象，稍稍配合一下——又或许不止一下。

你可以从生活中熟悉的事物开始。

比如，也许你的人生一片混乱。每一天都可能出现新的危机，你迫切地想要做出改变。但混乱究竟是因还是果？换句话说，这种混乱是疾病的名称，还是仅仅是一个症状？（疾病这个词可能说得太重了。然而，当你意识到疾病正是从缺乏舒适感衍生出来的，那这个词肯定还是适用于这种事态的。）

环顾人生这个房间，你可能会看到一些不速之客，他们进门之后唯恐天下不乱。你可以从生活中熟悉的事物开始。你知道我们是在说谁——不做戏不成活的那些人。当你环视自己的房间，你是否看到有人在墙面上喷绘涂鸦？他们是不是在横冲直撞、不择手段地夺取有利位置？如果被这种能量环绕得太久，你甚至可能也会成为那些人之一。你混乱的生活，你过度拥挤的房间，太多的人、太杂的东西、太多的规矩、太少的时间——每一样都迫在眉睫。

房间里那些离你稍微远了一些，比如靠后侧的、没办法频频把他们很重要的事情推过来引起你注意的人又怎么样呢？你不太能注意到他们的呼唤，即使他们永远都离不开这个房间，他们那边的混乱，因为隔了一段距离，所以看起来没有那么紧迫。

一方面，你是否因生活看起来不悦而愤怒？也许并非一直如此，但难免发生。回忆使你历经不悦与愤怒的具体经历。对于反复重现的记忆，叙述是有帮助的。让自己回到那个时刻，谁在房间里陪着你？留意一下你的面前是否有不快且愤怒的人——可能不止一个，甚至是一帮不快又愤怒的人。

另一方面，想象你的人生充满爱与善意。下一步，回忆你体会到人与人之间善意与积极的漩包围着你、在你身边流淌的时刻，你的房间里盈满光芒。再留意一下房间里有谁陪着你。

在这些案例里，你的体验或由共鸣驱使，或由不和谐音导致。

谁在拨动你的琴弦？

在物理学中，共振是当一个振动系统或外力驱动另一个系统以特定的频率振荡时产生的一种现象。想象一下，两架钢琴并排放在一个房间里。如果你在一架钢琴上敲击中央C键，而有人踩下另一架钢琴的延音踏板，那么这一架钢琴上的中央C弦也会发生振动，尽管它的琴键并未被敲击。这是因为这一架钢琴的琴弦从空气中接收到了具有固有频率的声波，并做出了响应。这就是共振在起作用。

把这一点用到人类思维和精神上，你就会明白为什么我们会说自己和特定的人产生了共鸣。他们的一些品质和行为吸引我们积极回应，且往往报以相同的品质。

相对的，日常生活中也存在不和谐音。不和谐音的一个例子就是我们都曾听过的指甲划过黑板时所发出的尖锐且令人不悦的声音。我们的耳朵和大脑倾向于排斥那段频率（2000Hz~4000Hz）。在情感层面上，当我们遭遇他人说一套做一套的情况时，就会体验不和谐。我们的思想和情感渴望一致性。

（我们中大多数人都经历过的另一个例子则是，被一个自称爱我们的人的行为所伤害。）

我们人类的情绪就像那些钢琴的弦。我们中的一些人的情绪甚至会被描述为高度紧张。共鸣是一种令人愉快的感觉，但不和谐则不然。你听到过某人的愤怒一触即发，那就是一个不和谐的时刻。当你自己经历这种情况时，你可能会有所表露，表明某些人或事正在触发你的愤怒，而你宁愿避开这种情况。

你的怒意并非真正被"触发"了，但你情感层面的琴弦却的确正从他人的情感琴弦中接收能量——有时甚至是过载状态。有时感觉很不错（共鸣），其他时候则不太妙（不和谐音）。

从比喻的角度来说，这里的重点是，你是一件半成的多弦琴，谁在你的房间里与在你内心共鸣的情感、思想、身体与精神之弦密切相关。许多这样的振动可能会由你表达出来，比如当你看到所爱之人时，你喜形于色、热情地欢迎他们。相反，如果你看到不关心或不信任的人，你很可能会避开他们，避免内心产生不愉快的不和谐体验。

认识到你的内在现实

有时候我们意识不到是怎样的内在体验触发了我们的行为，勃然大怒时尤是如此。情绪来得如此突然，甚至在我们察觉到是什么触发这种情感之前，就已经做出了反应。我们自己意识不到的事情，在他人看来却可能极其明显，这一反差又可能催生各种误解与伤心事。培养自我意识大有裨益。你会渐渐娴熟于辨别共鸣与不和谐音的内在体验，然后在特定时刻到来时，有意识地选择如何行动。

如果你花点时间思忖自己的生活，当你确认好了自己与房间中人的关系，以及随之而来的所有义务时，你会注意到主题。你会让自己意识到所有这些方面是如何对你和日常体验产生影响的。这个过程不是要去责难或怪罪谁——这样做没有任何用处——而是要留心共鸣与不和谐音，并以此为鉴，明白可以在哪里投入更多时间，以及如何管理房间。共鸣与不和谐音会向你透露，哪些人际关系会让你一边忠于内心生活，一边与人产生共鸣，又有哪些人际关系让你一直忍受着那种指甲刮擦黑板的感觉。

临终关怀护士邦妮·韦尔在许多年间带着同情与善意目睹了临终病人的弥留时光。在她的畅销书《临终前最后悔的五件事》(The Top Five Regrets of the Dying) 中，她评述患者们在时日无多之际最后悔的是："我希望我曾拥有勇气过一种忠于自己的生活，而不是活在别人对我的期望之中。"

为什么那么多人带着这种遗憾走到了生命的尽头？穷尽一生，他们都在关注他人的期望、需求、渴望、梦想、失望和欲望。回到琴弦的比喻上，也就是他们一生都在尝试与其他乐器产生共鸣，却忘记了演奏自己。

你的房间里熙熙攘攘：有人来自过去，有人来自当下；有人让共鸣源源不断，有人却只会发出不和谐音。大多数人或多或少兼而有之。如果在大多数时间里，你有意或无意的注意力都集中在满足这些期望和需求上，那么你最终会像韦尔指出的那般抱憾终身。

房间法则

我们将自己的内在与他人的外在做比较。有时，人们向我们展示的只不过是他们想让我们看到的外在。如果我们相信了那肤浅的图景，就会陷入别人比我们更自信、更勇敢、更聪明、更老练等假设。我们对自身缺点和恐惧的感知是如此敏锐——但每个人都有缺点和恐惧，即使我们不曾看到某个个体的心理活动，我们需要时间更多地了解真实的他人是怎样的。

神学家和社会评论家霍华德·瑟曼 (Howard Thurman) 提出如下建议："不要问世界需要什么，应当问问是什么让你感受到生命的活力，然后去做吧。因为世界需要的是真正活着的人。"

在你按照之后的章节内容探索以及控制自己的房间之前，还有一条建议：我们绝非不建议你与他人分享自我，也绝非不建议你将自己的体验传达给他人。

这正是爱的本质。我们相信，当你越来越清楚地看到自己的房间并有意识地选择让谁进来时，你的生活才会变得更好。

至于房间隐喻与实际的概念关系，与其问房间究竟是物理层面还是心理层面的建构，不如问问自己，如果从这一刻起，你愿意像这个房间就是真实的那样生活，一切会怎样？你就是你的情感、思想、精神和身体空间的建筑师，你需要精心打造一个充满共鸣而非不和谐音的环境，建造一个能让你感受到生命活力的房间，因为这个房间是胜利之所。

将你的房间进行可视化练习

这一练习可以分阶段进行。如果你熟悉其他的可视化方法，请任意选用你喜欢的方法。我们建议你闭上眼睛想象，然后辅以书写，记录自己看到的内容。在实践本书的练习时，你可能会返回这个可视化练习，并了解你的房间是如何随时间变化的。这个房间拥有无限可调节的空间，所以你不必一次就做对！

还有另一个细节，也许可以帮助你想象这个令人神往的房间，也就是你的生活：你的房间还没有被塞满。你的房间没有设置最大的容纳人数，你的房间还容得下更多的人——比如可以指导你实现你想要的生活的人。现在留给你的问题是，你想吸引谁进入你的房间？

你可以多进行几次这个可视化练习，并从中获得乐趣。米斯纳在现场演示的时候经常被问到房间在哪里。他会指着现场的一边说："它从这里开始。"然后，他指着另一边说："到这里结束！"斯图尔特告诉人们，如果愿意的话，他们的房间可以立在魔毯上，把他们带到时代广场，带到科罗拉多州的阿斯彭或热带岛屿。地点由你说了算。

1. 选择一个安静的地方，要保证至少20分钟不会被打扰。闭眼，放松。如果你了解放松练习或是冥想，请花几分钟专注于当下。留意身体的一呼一吸。

2. 想象你的房间。让它尽可能清楚一些，并在那里看到自己。你可能会认为它是一个简单的空房间、海滩或峡谷，只能通过一扇门进入。随着时间的推移，你的房间可能会发生物理变化，但无论其物理外观如何，基本原则永远不会改变：一扇门，一旦有人进来，他们就永远不会离开。

3. 想象你房间里的人。看看如今与你关系匪浅的人，查看过去与你关系密切的人。给自己一些时间。谁近谁远？你不必记住第一个在可视化练习中出现的人，人们总有办法随后出现。请记住，每个人都有空间。

4. 选择一两个对你最重要的人。他们可能是生活伴侣、父母、祖父母、兄弟姐妹或商业伙伴，他们可能是现在或过去的亲密朋友。尽可能勾勒出他们的细节：他们的脸、他们穿的衣服和他们的声音。

5. 考虑你与每个人的关系。要比简单的文字更深入地思考。当他们在附近时，这个人会让你感觉如何？花点时间充分探索你的感受。你感受到的共鸣或不和谐音是什么？

6. 在练习的最后，尽可能多地写下你房间里出现的人的名字。注意他们在房间里的位置——近处或远处，在光下或阴影中。注意他们的举止以及他们是否告诉了你任何事情。如果你愿意，画出你的房间或写下它的物理特征。笔记本或者活页夹也许能帮到你，因为你之后还会多次回到这个房间。

事实上，你不会回到这个房间——因为没有人离开，包括你。

你真的在自己的房间里吗？
乔安妮的故事　第一部分

乔安妮原名乔安·埃默里。在她与人们共事时，丈夫斯图尔特得以近距离观察她是如何与人打交道，为别人的生活出谋划策、提供建议，以及为行进的人们加油鼓劲的。她相信，忠于自己并深入思考"谁在你的房间里？"这个问题，就是你所能尝试的最具变革力的练习。

五六岁时候的一天晚上，我正要上床睡觉。我的床前有三四个架子，架子上堆满了毛绒玩具和洋娃娃。

其中一个洋娃娃引起了我的注意，我决心把它抱到我的床上来，于是我起床，拿起我的洋娃娃爬回床上，开始抱着洋娃娃。我正要闭上眼睛陷入熟睡时，我的眼睛又看到了另一个洋娃娃，我想："好吧，也许我应该把这个洋娃娃也带到床上来。"于是我又下床，拿到了那个洋娃娃，然后回到被窝里。我把这两个洋娃娃放在床上陪着我时，我最喜欢的一个毛绒玩具突然引起我的注意，我想："好吧，我也可以把我的毛绒玩具带到床上来。"就这样，过了很长一段时间后，我的床上高高堆满了每个架子上的洋娃娃和毛绒玩具，而我正试着在地板上进入梦乡。

过了一会儿，爸爸进来看我。他看到各种各样的毛绒玩具和洋娃娃高高地堆在我的床上，就问我："乔安，你这是在做什么？"我记得自己当时是这样对爸爸说的："我不想让其中任何一个被冷落，所以我就开始一次带一个，直到把所有的毛绒玩具和洋娃娃都带到床上。"爸爸看着我说："但是乔安，你现在睡在了地板上，因为床上没有你的地方！"

这段往事对我的未来产生了巨大的影响，因为我意识到，在我如今的生活中，自己为其他人腾出了太多空间，以至于我常常觉得自己没有了空间。我不在自己的房间里。即使我设法挤进了自己的房间，而挤进去的也很难说是真正的我。

自从我开始带着"谁在你的房间里？"这一理念生活，我的发现之旅加速了。第一个发现是，我从不想让任何人感到被冷落或被排斥，因为我自己就不愿被冷落或排斥。第二个发现是，我注意到自己的房间里总是有一群人，包括我不太喜欢的人，因为我自己太想被人喜欢了。这感觉就像一个螺旋式下降的过程。

即使人们看起来好像是喜欢我的，我也不知道他们喜欢的是哪个我。他们是喜欢我的伪装以迎合他们的需求，还是隐藏在所有伪装之下的那个真实的我？从积极的角度来看，每当我察觉到自己在这样做时，行为就会朝着解脱枷锁的方向转变。

现在我已经不再做那些只为了讨人欢心的事情。我一路向下，就像下楼梯一样，总能有所发现。一直以来，我总是依据人们如何看我做出选择，而不是选择对我自己而言意义深远的事物。

尽管现在回看已经恍如隔世，在我二十几岁的时候，有五年多的时间都投身于电影行业。开始时，我有一年半的时间在纽约担任电影《教父》(The Godfather) 的制片助理，后来在西西里岛跟进并完成了制片工作，在那里，有人邀请我搬到罗马，继续从事电影相关业务。

五年后，当我终于回到美国加州时，我很快

就觉得自己无所适从，无论是外在表现还是内在感受上，一切都那么不真实，尤其是我自己。在意大利，我能感觉到自己活得很真实。回到家后，我觉得内心空虚——夜晚更是如此。我遇到了一个叫皮特·卡梅伦的人，我向他倾诉了自己的痛苦，他递给我一张餐巾纸，上面写着"你不必做到完美，只需要完美做自己"。我的心因喜悦而微微雀跃。如果这是真的，会怎么样呢？不久之后，我参加了一个名叫斯图尔特·埃默里的人举办的实现成真工作坊（Actualizations workshop）。

距离我参加那个工作坊已经过去了三十五年，当时还没有人会问："谁在你的房间里？"回想起来，工作坊的一个核心理念是，如果你想改变自己的生活，就必须与同样致力于改变自己生活的人们相伴同行。我将这个想法付诸实践，并在成为一个完全自洽、充满活力、能做出自由选择的人的旅途中，收获了全新的友谊。

回想起来，到现在，我已经用了半辈子的时间来实践"谁在你房间里？"这个命题里所包含的理念。我的生活由此发生了天翻地覆的变化。在我的房间里，现在有了比先前多很多的空间供我使用。

为了让我所发现的"谁在你房间里？"的力量在你的身上生效，你还需要问问自己："我真的在自己的房间里吗？"只有当在房间里的是真正的你自己时，答案才是肯定的。

房间的相关理念可以转变、自我完善，甚至可以治愈人心。在后来发现并非所有你允许进入房间的人都是善良的时，这一点尤为重要。在第八章中，乔安妮会讲述另一个关于她房间的欢乐与陷阱的故事。

2

The Most Important
People in Your Room

你房间里
最重要的人

随着你对自己的房间越来越熟悉，我们想介绍一下那里面最重要的两个人。他们与其他人不同，因为不像其他人，他们完全在你的控制之下。他们百分百地站在你这边，他们不会因为你所隐瞒的日程而分心，也不会把自己的忠诚度分给别人。你可以将他们视为从这一刻开始与你终生同行的伙伴；他们赋予你支配房间的权利，从而也有权支配你生活中的其他人。

他们就是门卫和门房，完全由你创造。然而，这并不意味着他们是虚拟的。作为你的创造物，他们对你的潜意识而言，可以与你过去放进自己房间里的那些有血有肉的人一样真实。他们不是由分子构成的，但不要让这一事实削弱他们的力量。

简而言之，门卫决定了人们是否可以进入你的房间（在这一点上，请记住，他们一旦进来就永远不会离开）。门房则有权指导人们到你房间的什么地方去——让他们离你近些还是远些，是允许他们自由走动还是只允许他们待在一个地方。他们的行动很简单，但在他们开始工作之后，你会发现他们足以成为你的挚友。

用自己最舒服的方式去想象门卫和门房：男性或女性，高或矮，是乌比·戈德堡或娜塔莉·波特曼的双胞胎兄弟姐妹，又或者是哈维尔·巴登或丹尼·德维托的分身[1]——

1　句中提及的均为欧美地区艺人。——译者注

全由你自己决定。也包括他们的着装：如果你想让你的门卫穿双排扣蓝色制服外套，而你的门房穿古罗马式的长袍，照做就好。在下面的可视化练习上花点时间，找到适合自己的意象。

最终，你与门卫和门房约定的规则会直接关系到你想要的生活方式与希望实现的目标。这些规则也对上述那些东西产生了实质性影响，没错，就是你——无论你大受欢迎还是孤身一人，无论你受人喜欢还是略讨人嫌，无论你能否遇到好的机会，无论你生活中是在走上坡路还是下坡路，无论你的人际关系可以丰富生活还是因为他人只想利用你获利，无论你是否得以与你的灵魂伴侣结为伉俪，无论你现在住在杂乱的拖车里还是你梦想中的家，无论你当前是快乐还是消沉，无论你是负债累累还是有点小钱，无论你喜欢还是讨厌手头的工作，无论你是否正在承受着过大的压力，等等。

门卫

想想你房间的门。门就在那里，关着但没有上锁，随时可能由下一个推门而入的人打开。在你还小的时候，你只能静坐，为大摇大摆涌入房间的人潮惊叹不已。还要过几年，你才会开始理解，并不是所有进门的人都是你真正想要让他留下来的人。

哪怕是在你弄清楚了这扇门的意义与功能之后，你还需要花点时间学习何时、如何，以及你为何应当使用这扇门。

在你到达这一人生阶段之前，那扇门哪怕只是轻轻一碰，都会敞开。

你开始想，那有没有什么方法能控制谁可以进入呢？写到这里，我们就是要告诉你，是有方法的。事实上，你可以控制那扇门什么时候应该打开，什么时候又该关着。

想象你的门卫隐秘地知晓你的一切，而从这一刻起，他们将担任你的贴身护卫。你的门卫对于你的个人价值观了如指掌，也非常清楚什么对你而言很重要。他们知道你对哪些事物抱有热忱，为帮助你实现最好的自己而尽职尽责。你的门卫不会让任何一个不支持你的价值观、你的热情、对你而言有意义的事物或是不支持你实现最好的自我的人进入房间。

要记住，门卫阻止不了外部情况的发生。股票市场可能会崩溃，而你的门卫还是可以阻止那些诈骗犯——利用你的财务危机和恐惧牟利的人——进入。疫情可能席卷全世界，而你的门卫可以将那些想要让你置身险境的人拒之门外。

当然，在门卫上岗之前，你的确需要和他交代些什么。他需要指导方针，以此来决定今后哪些人或是哪些事物能获准进入你的人生或是事业。这代表着你必须非常清楚自己的价值观，以及对你而言什么才是真正重要的。你需要认识到自己深挚的热情所在，同时对于实现最好的自己尽心尽力。只有做到了这一点，你才能分得清什么是你人生中的机遇，什么只会让你分心。

如果你从未清楚地表达过你的价值观，甚至从未辩证地思考过这些事情，第四章与第五章中的练习可以帮助你确立你的价值观，以及它们的意义所在。了解你的价值观——审慎地定夺它们是什么——之所以重要，是因为它们能比你日常的喜恶更加深刻地指引门卫做出决定。

比如，当你审视自己目前的工作或是整个职业生涯时，是怎样的价值观塑造了你所做的决定？如果你看重财务担保，那么也许是因为你想过上舒适富足的生活，享受无拘无束的快乐，或者不辜负父母的期望。你的父母是不是在你房间里教导你一定要拥有财富带来的声望和安全感？或者财富让你有余力去做慈善，又或者财富能让你的孩子赢在人生的起跑线上？又是谁影响了所有这些愿景？

即使只是"我为什么从事那份工作？"这样一个简单的问题，也可能会导向一长串价值观和相关假设，而在你真正提出这个问题之前，这些方面可能并不清晰。这些价值观和假设的核心大多由你房间里的人构成，你在生活中内化了他们传来的信息。

事实上，那些消息可能是你为了回应房间里的人而自行创建的。有时，我们最强大的无意识现实建立在我们传达给自己的信息之上，因为我们渴望被接受、被爱或被尊重。我们创造了一种关于我们自身的思维模式，这种思维模式总会受到房间里的人的影响。（我们将在第四章对此进行更多讨论。）

交给门卫决定

让别人进入你的房间代表着什么？杂货店店员是否要包括在内？遛着汪汪叫的小狗、点头之交的邻居也要算在里面吗？

从今往后，你将学会深入思考：若要进入你的房间，需要遵守哪些你定下的规则。你可以在自己认为重要的地方变更规则；制定良好规则的关键首先是留心自己的房间里发生了什么。举一个简单的例子：那个养很多只狗的邻居是不是让你分心了？他们每次路过时，你是不是都在想着人们应该如何更有效地管好他们的狗，或者像那样的小型犬并不适合在这个街区遛，或者思忖着他们应该在更合适的时候遛狗，而不是在你居家办公的时候吵到你？

如果你对上述任意一个问题的答案是肯定的，那你的门卫就会放他们进来。邻居、狗、你感受到的愤怒和沮丧——这些都是你想象中的门卫让这些声音和故事进入你房间的结果，日复一日，你每天早晨都在忙于解读这个故事，而不是注意到狗的叫声，然后任它们在街上无所顾忌地狂吠。

通过制定规则，约定你允许哪些事物进入自己的生活，你可以控制你生活中的每件事和每个人的故事。那个邻居可能不会第二次为你着想（其实他们很可能一次都没有为你着想过），但他们和那些讨人嫌的狗却在你的房间里占据了一席之地，因为你没告诉过门卫，他们是不受欢迎的客人。

　　斯图尔特用一个例子言简意赅地揭示了门卫的权利：某人给他打电话，问他有没有时间。这个人可能是在飞机上坐他旁边的人，也可能是某个国家银行正在招揽生意的财务顾问，甚至可能是他某部作品的读者。就在接触的第一时间，斯图尔特问自己：我想让这个人进入我的房间吗？如果答案是否定的，他就回答"不"。如果对方坚持，斯图尔特会说："听着，我想让你进入我的房间，但我的门卫就是不松口！"

　　如果房间里的戏剧性场面和闯入者并不是你想要的，那你就不必忍受这一切。你的门卫会与你协作，适时拒绝，另外不要对你房间里的每件事都给予同样的重视和关注，你必须保持警惕。你需要每天都与门卫一起工作。（我们会告诉你具体方法。）

　　你的门卫还有另一种选择：让人们留在门廊外面。当人们想进到伊万的房间里时，他有时会想象，在和他们建立真正的人际关系之前，这些人必须等在门外。他们就像推销员或民意调查员一样，站在你家门口，问你有没有时间。你无需在他们身上花费时间和注意力。设置门廊是为了方便你，而不是方便他们。伊万将这个意象用于那些他必须与其互动，但尚且不应与其建立人际关系的人。在我们的生活中、所居住的街区和城镇里，总会遇见这样的人：也许你和他们在自行车俱乐部一起骑行，又或者他们是待人友好的店主。你与他们的交流和交易是非常愉快的，但他们不应进入你的房间。

门房

自此之后，你的门卫会让人们进入你的房间或将他们留在门廊外面。他们一旦进来，门卫就会回到门口。那么问题来了，这个人该去哪里？

另外，已经在你房间里的人呢？现在已经有一大群人：你的伴侣、你的家人、你的朋友和工作伙伴，以及过去那些进入你房间的人——无论是出于深思熟虑还是贸然为之。反观这一现实时，人们的普遍反应是问："是谁让那个人进来的？"答案当然是你（在你设置了门卫之前）！

无论他们是你有意请进来的，抑或是无意间由你准许进屋的，还是莫名其妙就出现在那里的，你房间里的人都会按照他们自己的规则和价值观行事，而不会按你的来。有些人在稍远处，有些则近在眼前，吸引着你的注意。很多人对你抱有深厚的爱意和善意，有些人却是真正的麻烦精。但请记住，房间没有出口。无论好人坏人，这些人都会永远留在你的房间里。

门房在你的房间大显神通的时刻到了。

门房以你之名行使着职责，引导人们到你身旁，或带他们走得离你远些。他们将人们领到一个合适的位置，并协助确保每个人都待在他们应该在的地方。执行方式可能友善，可能坚定，也可能强硬——这取决于你，因为门房就是你想象中的盟友，完全由你控制，并且只考虑你的价值观和兴趣。

（我们有朋友称门房为保镖，如果你觉得合适，那就这么称呼吧。但不要太过直白，拜托了。）

　　思考这位门房的工作方式可以帮助你更详尽地想象自己的房间。也许你的房间有许多边边角角或是小型聚会场地，抑或是个宽敞的大厅。每个人都待在属于自己的地方。有些人将他们的门房视为舞台监督，确保每个人都在适当的位置上。当你扫视房间里的每处地方时，你可以继续让其生长，并为人们提供特别的去处。

　　以下一些示例，你的门房可能会指导人们前往：

　　● 家庭场所——你家里的每一位成员，无论是当前的还是曾经的，都在这里。他们可能像你的兄弟姐妹或父母一样亲密，也可能像家族故事中颇具影响力的曾祖父母一样疏远。在你的心理层面，你的远亲拉贝尔可能较之你的堂兄与你更为熟悉。如果他们存在于你的脑海里，那他们就住在你的房间里。

　　● 工作场所——所有你现在搭档或以前共事过的人（即你的老板、同事和下属员工）都可能住在这里。你所属的汽车经销店的另一名修理工也在那里。导师、曾帮助过你的人以及各类客户都可以在门房的引导下前往工作场所。

　　● 赚钱场所——如果你认为工作主要是来赚钱的，那么这个地方可能会与工作场所相邻。这个场所还可以容纳合作伙伴——有的让你从投资中赚了大钱，有的让你输惨了。人们在金钱方面的地位有高有低，这取决于你。你当前的业务合作伙伴和社交网络小组的成员可能离你很近，但相较之下，其他人可能离你很远。

　　● 服务场所——与你一样乐于为他人服务的人聚集于

此。如果你属于一个服务机构或在为某项事业做志愿者，那么在完成这项工作的过程中，有所交集的人就属于这里。如果你经常去教堂，这也可能是宗教场所。

◉ 童年场所——你儿时的朋友、玩伴、老师、邻居都在这里。有时你会在记忆中重游此地，那里没有人老去，几十年前发生的事情仍在重复。

有时人们只占据一个场所 (例如：工作、教会、社区、家庭场所)，有时他们会从一个场所漫步到另一个。通过门房，你可以引导他们去他们应该前往的地方，也可以邀请他们到你房间的不同位置，也许会让他们比从前离你更近。

当你和你的门房合力打造你想要的未来时，你就从根本上转变了你与过去的关系。提问"谁在我的房间里，他们在这里做什么？"能帮助你在精神上将人员和项目从前台转移到后台。那些曾令你苦恼不已的麻烦人和麻烦事，会退到遥远的背景中成为模糊的小点。在第六章中，我们将为你展示一种行之有效的方法，将进入你房间但最不受欢迎的那些元素隔离出来。这样，你就可以为自己真正想成为的人创造空间。

房间里的"你"是谁？
巴尼特的故事

巴尼特·贝恩是一位屡获殊荣的电影制片人、导演和创意大师。他的电影代表作品包括奥斯卡金像奖获奖

电影《美梦成真》(What Dreams May Come) 以及三部艾美奖提名

电影:《风雨哈佛路》(Homeless to Harvard)、《圣境预言书》(The Celestine Prophecy) 和《米尔顿的秘密》(Milton's Secret)。

我为自己的项目和他人的事务而不停地奔忙着。我不知道怎么拒绝。虽说在我的行业里,拒绝就是一门艺术,但我在电影学校读书的时候肯定是逃课了。

我们中的许多人都肩负着太多的机会、责任、兴趣和义务,但我们可以在自己的内心创设一个门卫来监管我们的日程表和承诺事项(或在超负荷时,帮我们减轻一些压力)。

我的门卫可不是公园大道上那些穿着长大衣的、和蔼可亲的门卫。我招募了一位曾任海豹突击队的执行官,他的职责就是确保在我房间里的人都是我真正想要的人。有了这样的门卫,我很快就注意到了那些积极的变化:压力变小了,能量变多了,能够做出更多的选择,使不适反应更少,松弛感随之而来。

新的边界带来了新的自由。有一段时间一切顺利。

然后第一个考验来了。

我和妻子桑迪开始了梦想中的假期。旅程分两段,按计划有四个部分:从洛杉矶到迈阿密,停留一小时后转机,然后到达最终目的地——圣马丁温暖的加勒比海滩。可凑巧的是,来回的四段航程中有三段航程飞机都出现了机械故障。

我们的第一架飞机在铺有柏油碎石的飞机跑道上停了两个多小时。最终降落迈阿密时,我们已经错过了下一段航程，于是被迫在原地过夜。等到第二天早上，另一架飞机又出现了故障。我们边抱怨边从座位上走回登机口，在那里等了又等，等到问题终于解决，迟于原计划十八九个小时，我们才到达了梦中天堂。

"迟就迟了吧。"我对桑迪说，还带点禅意地耸了耸肩。

五天后，同样的事情发生了。享受了近一周的和煦暖风和清澈碧海之后，我还没准备好迎接另一波机械故障的突袭。我不禁留意到，形形色色的"我"想要创作一个故事，来讲讲这一系列剧情是怎么展开的，还有一部分的"我"想要像个受害者一样冲着人大喊大叫。

我开始意识到自己的内心十分拥挤，比如某些机能失调的高中体育队员居住在我的房间里。一个意图责备的"我"，一个渴望自怜的"我"，甚至还有个自认为知晓如何经营一家航空公司的"我"。他们都在那里举着他们的号码牌，吵嚷着要参加比赛——而那个比较大的"我"，那个本我，有思想也够成熟，此时正像一个被队员团团围住的教练一样，发了狂般地想要管住这支队伍，求着队员："都滚到长椅上冷静去！"

那时我意识到，就像一枚硬币的两面一样，一个厉害的门卫也需要一位帮手，于是我配了个门房。

门房知道，房间里已经有一群球员一直和我在一起。当我暂时离开现在，进入过往的任何一个片段时，他知道我会暂时因自己的某些部分分心，而这些部分正在依照他们自己的发展水平来面对生活。他们的意见强硬而有力，他们试图接管生活。当他们的需求没有得到满足，甚至没有得到承认时，紧接着狂乱就会到来——比如在度假返程途中的我在机场，皮肤已然晒黑，整个人在外人看来很放松，但内心却躁动不已。

现在门房阻止了狂乱接手我的生活。

实际上，明白出现在星巴克的编剧会议上的是谁、商务会议室里的是谁、车管所柜台前的是谁、餐桌前用餐的又是谁，这些认知可以帮助我管理所有的优先事项，包括自己的时间占用和日程排期情况。而我的门卫和门房作为盟友，密切关注着我房间内外的所有球员，帮助我更好地做出回应，从而减轻了很多不安和焦虑。

结果是，他们从不会操纵大局。

而我会。

善用你的门卫和门房

门卫和门房让你得以设置标准，规定谁在你的房间里，他们可以将这些人引导到哪里。在这本书中，我们分享了在初级阶段的实用性建议，比如谨慎对比你自身的内在和其他人的外在，以及在你摸清人们是否真正归属于那个位置之前，不要让他们进入你的房间。

早前你认识到了可以改变过去的错误对你今天和未来的影响。你可以将它们放到背景焦点以外的部分，而对于过往可以为未来奠基的部分，则可以移至前景的焦点位置，使其清晰可见。

有些人问我们，动用门卫和门房，是否会让自己变得冷酷且精于算计。如果不断地权衡你的人际关系是有益还是有害，那么人生是否会成为一通没有神秘或惊喜可言的漫长计算？"难道人际关系就只是一笔生意吗？"他们问，"人生就是一场只顾自己利益的游戏吗？"

绝非如此！这是一种为神秘、惊喜、爱意与心碎，以及人类生活中所有其他凌乱、美好的部分腾出空间的方式。真实而和谐的生活需要深入了解你人际关系中真正发生着哪些事情，并慎重选择人们在你房间中的位置。苏格拉底的名言"未经审视的生活，是不值得过的"也适用于你的房间。你如何处理自己发现的东西，这完全取决于你自己。

房间法则

有些人住在你的房间里，但没交房租。三年未见的毒舌姐夫、爱管闲事的邻居、素未谋面但在你脑海中挥之不去的政客、让你迷恋不已的那个明星——永远比你更有钱、更好看、更有名气，这些人没付任何房租就住在了你的房间里。这意味着他们没有在这段人际关系中投入任何东西，甚至他们从来没有关心过你，但不知何故，他们就是在那里，吸引着你的注意。

如果他们不断重返你的身边，那么仅仅忽视这些人是不够的。你必须划定他们属于哪里，然后采取行动。你的门房可以送其中一些人到更远的地方，进入房间的暗处。你的门卫可以留心，不要让像他们这样的人进门。

在你头脑之外的世界里，采取这样的行动就像精简你的好友列表一样简单，只与那些能为你的生活贡献某种价值的人交往。他们不一定都是私交很好的朋友，但他们一定对你的工作有所帮助。至于其他人，要明白由他们带来的刺激（如正义的愤怒或隐秘的欲望）正在阻止你过自己的生活。

➡ 这是一次写作练习。给自己描述一下门卫和门房，要尽可能详细。他们看起来是什么样？他们穿什么衣服？他们会和你说话吗，还是只专心指路？他们可能是真实的人，来自你的过去，也可能是想象中的人。（如果你想更有创意些，你可以想象一个演员、运动健将或是历史人物，比如圣人或你敬佩的人——只要他们尽职尽责。）

关于为人友善、开口拒绝以及你的余生：吉宁的故事

吉宁·罗斯著有8本书籍，包括《纽约时报》畅销榜作品《当食物就是爱》(When Food Is Love)、《我心中的粗糙坑洞，以及一只填补了它们的猫》(The Craggy Hole in My Heart and the Cat Who Fixed It)、《女人、食物和上帝》(Women, Food and God) 以及《失物招领处》(Lost and Found)。三十多年来，她一直在开创性的工作坊和静修课堂里授课。

在我8岁的时候，我父亲给了我一本约翰·冈瑟写

的关于他儿子约翰尼的出生与死亡的书:《生命的怒吼》
(Death Be Not Proud)。当我读到最后一页时,我已经有些忧郁
的倾向,对于死亡的概念念念不忘,而且这已经是我能
想到最委婉的说法。我简直不敢相信一个 8 岁的孩子死
了——而且其他人也会走向死亡。这好像既不公平,也
不正确。

在我二三十岁的时候,我把对死亡的执念提升成
了一种精神实践。我学习了冥想,还和老师一起去了墓
地,他们一心要教给我们那件我很多年前就已经知道的
事:生命是短暂的,人终有一死。众人皆难免。我从修
行中学到了很多东西——关于自在、美好,以及疯狂的
思绪,但这并没有驱散我对死亡的恐惧。非要说的话,
这甚至是加剧了我的恐惧,因为我越发意识到无论哪种
生命都很短暂,尤其是我自己的生命。

但随后发生了一件意料之外的事。在一次例行的
医疗检查中,我的喉咙闭锁、心率飙升、血压下降,而
且有一种正在脱离自己躯体的怪异感。我清醒地意识
到——我快死了。记得我很讶异的是它竟发生得如此之
快,而且那不过是 9 月里一个普通的日子。(我希望能伴着竖琴
声和兰花,在所爱之人真挚含情的目光中离世,而不是死在一个冰冷狭小的检查室里,看
着护士的工作服上别着一张紫色的笑脸,还有一个医生眼神游移不定。)

尽管在那次濒死体验期间(和之后)我有许多感悟,但
一直让我铭记至今的也是发自内心的,即我多年来对死
亡的执念,实质上并非围绕濒死或死亡;相反,与活着

息息相关。那些思绪并非恐惧终结，而是渴望在中段苏醒。正如诗人玛丽·奥利弗[1]所说："我希望这辈子是与惊喜结连理，而不是嫁给悔意或身心俱疲。"

在出院回家后的几天内，我列出了自己喜欢的东西。是什么敲打了我的心门。如果当时死在那个检查室里，会遗憾有哪些事情还没做。这份清单非常简短，且简单得不可思议。其中包括写作、与先生一起生活、多亲近自然、和我的学生一起工作，以及和朋友们共度时光。还包括不急不忙、在杂货店/加油站/咖啡店与收银员眼神交流、每天花时间沉静下来、做任何事情时都活在当下，洗碗也不例外。我开始远离那些不想参加的事情：我拒绝了不想参加的派对，推辞了我不想接受的邀请，退出了报了名的研究生课程。我开始着手写一本多年来一直想写的书。我花时间与树木共处，尤其是我们车道上的一棵枫树。我会定期告诉我先生，我珍惜两

---

1 玛丽·奥利弗（Mary Oliver），美国诗人，曾获美国国家图书奖与普利策奖。

人相伴同行的日子，有哪些方面是我觉得弥足珍贵的。以此类推，在日复一日的每个选择中，我都会问自己，我想要为这个选择消耗余生的呼吸吗？当你意识到呼吸次数也可以量化时，你关于今后呼吸的选择就会变得非常清楚。

5年过去了，我还在不断自问那个呼吸问题。当然，也不是每时每刻。有时候当我和丈夫争吵时，报复欲会代替呼吸，在头脑中占据上风。但即便是这种时刻，我一般也能让自己回想起呼吸问题。说真的，我们在世的时间很短，我不想错过任何一刻。或者说，任何一次呼吸。

在一个复杂的世界——这世界有时就像挡风玻璃外的雪花一样冲你奔袭而来——选择关注你最看重的事物是件好事。另一种检视自己、让什么人和什么事物进入房间的方法，与他们消耗的成本有关。

3

Take a Look around Your Room

环顾
你的房间

现在你的门卫和门房已经就位，他们需要仔细了解你房间里的人。你花一辈子时间放人进来，在其他人进来之前，让我们考虑一下已经在你房间里的人。是时候对你自己的房间进行更彻底的检查了。

慢慢来——很多人都与你同在。我们会帮助你解决这些问题，但首先，让我们了解一下你的房间现在在向你传达什么信息。谁正在你的身旁，而谁又在更远的地方？谁占据着你大部分的注意力？也许你的房间非常嘈杂，充满戏剧性。相反，它也可能很安静，甚至有些无聊。在你的房间里，哪些人令你讶异——是那些没等你注意就凑到你身边大喊大叫的人吗？而你为什么又让他们进来了？

思考一下，当我们说人们在你身旁时，你看到的是什么。

● **物理距离相近**——这一项可能指你的家人、室友、邻居或是同事，可能指你每周至少见一次的朋友。也许你平时会定期与已成年的子女还有对他们而言很重要的人们共进晚餐。从你的脑海中看他们，仿若近在咫尺。物理距离是如此相近，他们必然会引起你的注意。

● **吸睛者**——这可能指每周多次给你发电子邮件或打电话的人，或者是每封电子邮件都会抄送给所有人的业务伙伴，因此你必须打开查看并决定是否要回复。如果你经常使用社交媒体，你可能也会有一些与你距离颇近的人，因为你每次打开社交媒体页面时，都会发现他们又发了宠物、孩子或者松鼠进食的新照片。如果你并不觉得自己与他们亲近，那他们为什么会收获你如此多的关注？

● **挥之不去的存在**——这可能是某个你原本认为已经断绝关系的人，与你距离仍然较近，比如你的第一任配偶，不知何故，你仍然能听到他的声音，或者你仍会时常想起这个人身上那些或优或劣的品质。

● **徘徊不离的魂灵**——在你的房间里，亲近的人甚至可以是那些已不在人世但仍然会时时想起的人。他们一般对你有很大的影响，比如你的父母。

在这个早期阶段，你可能已经想到了很多人。你可以先把他们的名字写下来，这样你就不会浪费精力去确定他们究竟属于哪里——这是留给以后完成的。

有些人会在电脑上列表，如果你喜欢的话，这完全没问题。但是，如果你在工作或家庭生活中已经在键盘上花费了大量时间，我们建议你使用纸质笔记本与钢笔或铅笔来做这个练习。手写是一种比打字更需要集中注意力、更谨慎的练习，尤其是在你放慢速度，用草书写字、抑或是用清晰易读的印刷体书写时。你可以随心所欲地更改页面的版式，没有人会给你的练习打分——实际上，如果你不愿意，甚至你不必给任何人看。

谁近谁远？

➡以你自己为中心画同心圆，然后界定当前房间里的人们与你距离有多近或有多远。不是他们"应该"在哪里，而是依据他们在你脑海里占据的空间确定他们在哪里。

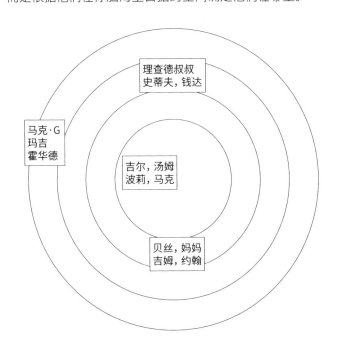

图1. 绘制思维"房间"中人们当前位置的一种方法

　　这个练习的另一个版本，是按照人们属于哪个场所或从哪个场所来列出表单。每个列表使用一栏或一页，当你环顾房间时，见到一个人就放在一个列表中。如果你愿意，可以根据他们的距离远近用不同的色彩做标记或编排不同的数字。具体参见表1中的示例。

　　如果你卡在了这些练习上，日常生活中的一些其他线索也可以告诉你，你的房间里现在都有谁。找一个笔记本，

家庭	工作	教会	社区
艾米1	简3	吉姆·R2	菲尔2
鲍勃1	艾什莉3	巴里·C3	杰克与希尔维娅4
高登1	汤米3	卡洛琳·C3	马克与玛丽3
爱丽丝1	斯科特3	帕姆·S4	布雷3
格蕾斯2	爱玛4	贝丝4	宏2
斯宾塞2			

表1：谁近，谁远？

将下面每一个问题都写在某一页的顶部，然后立刻列出浮现在脑海中的人。问题的答案可以只是一个名字，如果你想进一步评估自己的房间，可以补充一下关于这个人的信息。注意在该过程中自己的情绪反应。

以下是问题：

● 哪些人经常出现在我的记忆中？浮现的总是同一段记忆，还是有很多似乎会自发涌现的记忆？

● 哪些人给我打电话或发消息时，我会马上留意？原因是什么？

● 我抗拒哪些人（比如：延后回应他们的来电或电子邮件）？

● 我有没有恨谁，或者已经恨了很多年？他们离我近还是远？

● 我会把谁与我生活中反复出现的刺激因素（例如：政治新闻）

联系在一起？我会每天不止一次地想起那个人吗？

⦿ 我真正爱过或曾经爱过谁？

⦿ 我有没有讨厌一个人讨厌到仅仅想起他就会出现情绪变化，或者为某次和他之间的争执而痛苦？

⦿ 有没有人经常出现在我的梦里？是相同的场景还是许多不同的场景？我现在还和他们保持着联系，又或者他们纯粹只在这个房间里占据着一些心理念想？

以下是几个作答示例：

⦿ 哪些人给我打电话或发消息时，我会马上留意？原因是什么？

我总会立即回复帕特里夏的电子邮件，因为我知道如果我不这么做，她会在第二天再次发来邮件，问我是否一切都好。我想这意味着她对我而言非常亲近，因为哪怕我认为她的电子邮件无关紧要，我也不愿意表现得像是在无视她。

⦿ 我真正爱过或曾经爱过谁？

乔安妮是我房间里最亲近的人，未来也会是如此。我们相遇后不久，我就知道她会是我此生的挚爱。到现在已经16年了，即使是艰难时日里，我也毫无保留地信任她，爱着她。

我也爱我的哥哥。他经历过几次非常痛苦的分手，但他没有抱怨，只是继续前进。我钦佩他的坚韧，我想他是个勇敢的人。我怎样才能让他离我更近一点？

如果你罗列姓名的过程并不顺利，可以尝试以下技巧：

● 从你的通讯录或求职软件/社交软件等网站中列出100个人。然后根据你在每段关系中投入的时间和精力，将这些人分组。

● 如果你还没有一个联系人列表，请列出你房间中名字或姓氏拼音以A开头的所有人。然后，列出你房间中名字或姓氏拼音以B开头的所有人。按拼音顺序排列，你的列表会变得足够长，之后你就可以根据你的房间中每个人与你的距离进行排序。

房间法则

如果你还没注意到，那么需要申明的是，不断提问"谁在你的房间里？"是一个终生对自己完全诚实的过程。这并不是一帆风顺的，因为我们的生活中用情感投资过的人际关系有好也有坏。如果你发现自己抗拒改变房间，那暂停一下，请思考：是什么导致了这种抗拒？思考的重中之重是，你是否陷入了投资者所说的沉没成本陷阱：你可能会选择继续一段人际关系，因为你已经投入了时间。你不能收回投资，那么这对你的未来意味着什么？

扩展你的列表

你越清楚自己允许谁和什么进入自己的生活，你就越能为此做点什么。

知道要让谁进来或不让谁进来至关重要，因为一旦他们进入房间，那我们这一辈子都会和他们生活在一起。现在在你房间里的所有人至少在名义上永远都会占有一席之地。

最近的研究表明，记忆并不是简简单单地随时间的流逝而被遗忘。在发表于《神经元》(Neuron)杂志上的一项研究中，神经生物学家杰弗里·约翰逊发现，即使研究人员无法回想起特定的记忆，他们的大脑也会以某种方式做出反应，表明这些记忆仍然存在。一些专业人士对记忆的持续时间和能力提出了新鲜、有趣的观点。我们之前提到的精神科医师和神经系统科学家丹尼尔·阿门在接受本书采访时说："记忆不能被简单直接地删除。事实上，伴随这些记忆而来的情绪会在你的脑海中扎根。"

你无法挽回过去，但可以通过整理房间以打造更美好的未来。但在开始整理之前，你需要知道你在与谁打交道，打的是怎样的交道。

当你满足于高阶列表时，就该进行全面盘点了。想一想，你会为了哪些人在这个房间里而高兴；如果可以的话，你想要把谁驱逐出去。

这个过程是私密的，但我们鼓励你在评估自己的生活的同时仔细考虑这些人所属的类别。这真的只是为你提供灵感的起点。思考一下这个名单上有多少人，你的房间里又有多少人。不要止步于概览列表，想一想你房间里有多少人属于下文中的各个分类，然后写下他们的名字。

- 家庭成员。
- 朋友和熟人。
- 邻居和社区成员。
- 业务伙伴（比如合作伙伴、客户、供应商）和同事。
- 你所属的组织或团体的其他成员（精神层面、社会层面、商业层面、体育运动等）。
- 社交媒体上的联系人，尤其是与你有过互动的人，回复其动态、为其留言或转发动态。
- 其他"屏幕使用时间"内与之产生关联的人，例如你在电视上看到的人（比如新闻上）或关注的人（例如，写博客的人）——如果他们在你的脑海中，就代表你允许他们进入你的房间。
- 你对其做出承诺的人，例如校内委员会或募捐活动成员。

当你考虑到每个人时，就会发现自己的房间有多拥挤。有些人一想到过去都放了些什么人进入房间，就会感到一阵恶寒。其他人对他们的名单相当满意，但他们也会挠着头开始纳闷之前到底为什么会点击通过高中霸凌者的好友申请。

当你清点房间里的人时，就可以开始评估每个人给你的房间和生活带来的共鸣了。在下一章中，我们将向你展示如何与房间中最有影响力的人合作。

两个日常可视化

➡在第一章中，你面面俱到地想象了自己的房间。这个练习是一个简短的练习，你可以每天做两次。把你的笔记本带在身边，因为你随时都可能萌生关于房间的新点子。

早上——仔细看看自己的房间。谁近，谁远？谁看着模糊，谁近在眼前？为什么？

晚上——白天的时候，谁近，谁远？你们是如何互动的，原因是什么？于你而言，他们的存在是好是坏？

类似于许多心灵修行中的每日回顾，这个简短的实践可以帮助你弄清楚你的房间里发生了什么，并决定你将如何应对。

金钱与你：马特的故事

马特·温斯坦是加利福尼亚一家创新型团队建设咨询公司的创始人兼总裁，他常去国际旅行，是一位屡获殊荣的演讲者，他还有一档名为《欢乐的工作》(Fun Works) 的美国公共电视网 (PBS) 特别节目！

我和从前的大学室友们在南极洲度假。我知道，这可不是海滩！但这趟在俄罗斯破冰船上的航行中的景色非常引人入胜，到处都能看见企鹅，壮观的冰山像令人叹为观止的雕塑作品一样漂浮在我们周围，动人心魄的景色数不胜数。

航程进行到大约一半时，有人通过扩音器传呼我去舰桥接一个卫星电话。我知道这种卫星电话每分钟要 10 美元，所以赶紧冲上楼梯去接电话。当我拿起电话时，听到了妻子吉宁的声音。她的声音平静又稳定，但她的头几句话就已然让我的生活天翻地覆："伯尼·麦道夫被捕了。他的整个基金产品就是一个彻头彻尾的骗局。"

我们刚刚失去了毕生积蓄。

我们甚至不知道能否继续偿还抵押贷款。我们焦急地在电话里又聊了几分钟，直到我们中的一方（我觉得应该是她）冷静地对另一个人说："亲爱的，你知道吗，我们已经不是那种掏得起每分钟 10 美元的卫星电话费的人了！"于是我们挂了电话。

10天后，吉宁和我终于团聚了。我们得出结论，虽然麦道夫偷了我们的钱，但他至少不会偷走我们的余生。哲学家约瑟夫·坎贝尔[1]所言极是，有时"我们必须坦然放弃此前规划好的生活，这样才能迎接在前路上等待着我们的生活"。

我很快回到了工作岗位。我需要尽可能多地工作才能多赚些钱。在过去的40年间，我一直在教人们通过欢笑、游戏与快乐构筑社群。但为了真正地谈论欢笑与游戏的力量，我不得不在低谷中思考重新振作起来、微笑面对生活的可能性。吉宁继续创作着她的作品《女人、食物和上帝》。我们都深深痴迷于创意类项目。尽管我们的财务状况遭受重创，但我们已经重拾平静，带着十足的活力与满满的兴奋继续前进，充满幸福地工作。

奥普拉·温弗瑞[2]读了《女人、食物和上帝》之后非常喜欢这本书，并在《奥普拉杂志》(The Oprah Magazine)上为之撰文。她在奥普拉网站上为这本书制作了两期完整的节目。之后，《女人、食物和上帝》跃居《纽约时报》畅销榜的榜首。几乎和我们失去

1　约瑟夫·坎贝尔（Joseph·Campbell, 1904—1987），美国研究比较神话学的学者，专注研究世界各地文学和民间传说中的神话原型，《星球大战》的拍摄亦受到坎贝尔神话概念学说的影响。——译者注

2　奥普拉·温弗瑞（Oprah Winfrey），美国演员、制片人、主持人，曾获多项影视奖项提名，2018 年《时代》周刊将其评为全球最具影响力人物之一。——译者注

所有积蓄一样快，一切又都回来了。

就像当时一位关系很好的朋友对我们说的：
"看吧，穷也不会穷多久！"

事实上，这样的事已不是头一遭。许多年前，
我被我的长期财务顾问骗了。一位好朋友听到这个
消息后说："我对你的遭遇感到很难过。我知道一
家高档专营基金公司，成立30年从没亏过钱。我可
以带你买入。"这个所谓的高档专营基金公司就是
麦道夫投资证券。

在蒙受第二次损失后，我意识到很长一段时
间以来，我在理财上一直非常依赖如父亲般的人
物——他们尊重我，又在金钱方面将我照顾得很
好，长此以往，我总不必为自己的决定承担责任。
那样我会觉得自己很特别，受人保护，不必自学资
金管理这种高深的课程。我房间里的人正是这样。

这一次，我学会了一些理财的基本规则，比如不要投资我不了解的东西，再三强调：要将资金分散在不同的市场里进行分散投资。而且，没错，这次我已经告诉了我的门卫，将那些像父亲般的角色拒之门外，尽管他们看起来仍然很有吸引力。更重要的是，我明白了，在涉及财务问题时，一个值得信赖、可以准许进入房间的人应该是成年版的我——这个版本的我历尽艰辛，学了一些基本财务知识，并且能够自行理财，并对自己的行为负责。不过，当然了，奥普拉随时可以来访。

一旦你将模板放置到位，你可能会认为你的房间可以以自动驾驶的模式飞行。但是，请记住，你才是那个配置自动驾驶仪器的人。在配置控件时，你必须学着相信自己，同时也必须记住，你始终待在那个房间里。

4

Dealmakers and Dealbreakers

交易成就者
交易破坏者

用一个房间、一个门卫和一个门房消解你生活中的狂热与混乱，这个方法总能平复人心，但那些人还需要培训才能完成工作。他们怎么知道应该让谁进来，又该把他们带到哪里去？我们从众多角度观察到，人们在面对这个问题时会有痛苦与迷茫，进而发现培训门卫和门房最有效的方法就是让他们对人们的价值观保持高度敏感。价值观是你房间里所有人际关系的基础，是让人们进来的决策框架，也是你划定他们归属何处的标准。价值观就是选票。这意味着你要明确自己的价值观，并就未来你会让谁进入房间以及相关原因做出个人目标声明。

首先，你需要理解：占用了你时间的事情也会控制你的思维。这一点适用于工作、游戏，以及与你共度时日的人。这几天来，什么占据了你的时间？你对此主观体验如何？如果你并不乐于见到这些事蚕食你的时间，下面再告诉你一条好消息：你可以做出改变。这种改变始于你所展现出来的价值观。

我们无法定义对你而言什么价值观最重要，也无法帮你确定谁在你的房间里。除非你能清晰地把握自己的价值观，并将之用于决定谁属于这个房间。这样做之后，你会开始留意你对人们的看法发生了变化，这将给你的生活带来积极的改变。

你可以想花多少时间就花多少时间，但我们还是希望你能考虑一下这个练习的重要性。如果你想要控制你的房间和你的生活，就需要通过自己的价值观来实现。详尽了解自己的价值观是设计理想房间的基础。我们保证，这对你没坏处。

人们经常提及自己的价值观，但我们更倾向于这样一个简单法则，即价值观更多的是用行动来实践，而不是言语来表达。杰瑞·波勒斯是斯坦福大学商学院组织行为与变革专业的名誉教授，他告诉我们："我不再相信言谈，我只相信行动。"我们也一样。

本章中，你会把对你而言很重要的价值观与你房间里那些通过自己的行为表明认同或不认同这些价值观的人联系起来。定义价值观是个大工程，出于我们的目的，我们会将其限制在你的列表之内，并深入了解哪些价值观对你而言非常重要。

当我们面向大批听众演讲时，总是会问一个问题："你能讲出自己的价值观，以及你认为生活中最重要的一些理念、信仰或者志向吗？"

当我们提出这个问题时，得到的会是一片沉默。

辨识交易破坏者

在没有事先通知的情况下，人们很少能在被问到时列出对他们而言最重要的价值观清单。选项那么多，优先级要如何划定呢？

有个百试不爽的捷径：列出交易破坏者。人们很难列出一份完整的价值观清单，但他们知道谁并非一个好的交易伙伴。例如，你生命中那个只索取不付出、让你情绪低落的人——他们就是交易破坏者。他们还在你的房间里（你很久以前就让他们进来了），但他们不一定离你很近。这一步是评估你价值观的重要部分。每个人都需要有一张交易破坏者清单，你的"想都别想"清单，其中罗列着你无法容忍的价值观、行为、特质、性格、印象等，不存在特例。

交易破坏者就像个手电筒，会照亮"价值观"这个看似抽象的词，看清你不会让什么进入你自己的生活。此外，解释其中的道理还可以引导你对门卫和门房进行早期培训。这个过程也将帮助你理解你允许什么人或物进入你的房间。

每当我们询问他人是否认识这样的交易破坏者时，他们至少也能想起几个名字。也许正是因为这些交易破坏者给人留下了如此强烈的负面印象，故而才深入人心！

你列出的交易破坏者一般具有你所深恶痛绝的特征，例如好吃懒做、表里不一、满口谎言、频繁迟到、权欲熏心、随意插嘴、违背承诺、虚伪、贪婪、自私……可以一直列举下去。想想那些表现出其中一种特征的人——让你生气或让你起鸡皮疙瘩的人，问问自己，是什么样的具体行为惹怒了你，然后想想与之相对的是什么——那个对立面可能正是你所在意的价值观。

借这个思想实验，自由发挥你的想象力。你可能不缺少这样的例子。如果你想列一个长长的清单，那就继续。之后，你可以将最大的交易破坏者精减为少数几个。

道格认识一个人，那个人让他意识到了一个他过去不曾刻意考量过的价值观。这个人在国际上是高难领域的知名专家，深耕行业数十年，取得了令人瞩目的成就。另外，他为人体贴、有爱心，甚至比较多愁善感。但此人经常打断他人谈话。道格说出的（也有其他人的）话最终往往由他收尾。这个人在每一次讨论中都坚持自己的主张。

你可以称那个人粗鲁或不体贴，而逻辑上与此相对的是体贴或有礼貌。写下来，然后更深入地观察此人的行为，你可以说这个人专横（相反的价值观：有礼貌和同理心）；你可能会说他不善倾听（相反的价值观：有好奇心、为人善良）；你甚至可以说这个人招人讨厌，因为这种人不认同他人潜在的贡献，而且还比较自私（相反的价值观：体贴入微、大方无私）。

你知道之后会发生什么吗？你房间里那些让你崩溃的人会自己举起镜子，揭示你最珍视的一些价值观。他们是交易破坏者，因为你不想与和你价值观背道而驰的人建立关系。

拿起你的笔记本，列出第一份交易破坏者清单。花点时间做这个练习。思考以下问题也许有所裨益：

● 你上一次真真切切感到愤怒与沮丧是什么时候？原因是什么？

● 是什么让你的生活没有你想象中那么充实？

● 你最不喜欢的某些行为是什么？

● 对于穷困，你的最低定义标准是什么？在你的眼中，什么才是最深切的痛苦？

◉ 你觉得你的朋友有哪些困扰你的地方？

思考完这些问题后，记录下你的交易破坏者清单。这个列表可以根据你对上述问题的回答来构建，此外还有另一个信息源：简要记录你所鄙夷的行为。写下那些会为你的观察带来不适，就像目睹钉子划过黑板一般的行为或特质。这些不讨你喜欢的行径可能有撒谎、哗众取宠、过分夸大、不负责任、独断专行或好占上风。换句话说，也就是花点时间列出你无法忍受的行为。

记录名字（或者如果你目前想保密，这些名字可能只是首字母缩写）时有两个注意事项：首先，总会有交易破坏者以这样或那样的方式与你有所往来。我们稍后再谈这些人。现在，当务之急是探讨交易破坏者表现的品质。

其次——这一点比较棘手——交易破坏者有时会举起一面令人不适的镜子反照你的行为。那个总是打断别人的人让道格回想到他经常不自觉地打断别人或对别人的发言不予回应，一般是因为他的思绪已经奔向下一个想法。他必须有意识地学会更好地倾听。他知道自己重视共情、善良、成长和无私，因此他必须改变自己的行为以契合认同的价值观。他了解到卡罗尔·德韦克的"成长型心态"理论，认定他自己能学会并克服身上的缺点，而这是他房间里那个烦人精无形中使他知晓的。

接下来，制定一组规则或特征，帮助你在生活中做出更好的决定。我们做了一些示例激发你的创造力。你需要为自己想要请进房间的人和你的交易破坏者制定规则。

以下是对于交易破坏者，也就是从现在开始你不会让他们进入你房间的人的描述示例：

- 我不会容忍任何控制欲强或自恋的人。
- 我不会容忍频频迟到、丢三落四的人。
- 我不会容忍满口怨言、贪得无厌的人。
- 我不会容忍把我的生活置于闹剧中的人。

与其他练习一样，时间是你的挚友。你也许会从冗长杂乱的列表开始，但如果你重新审读，你可能会把你的交易破坏者凝练为几个抽象概念。或者，你可以列出几个人。这样做没问题，因为下一个练习要愉快得多。

房间法则

用减法做加法。

伊万告诫经营BNI分部的人，如果你想要一个分部发展壮大，就必须精简成员。这就像修剪玫瑰花丛一样——用减法做加法。

即使你不能让某人离开你的房间，但你还是可以拒绝让他们的行李入内。这意味着与他们的行为划清界限、筑墙隔开或者指示你的门房将这种人带到你房间里的一个角落，从而离你远远的。当你在生活中为他人的不良行为做减法时，你实际上是在为你的生活做加法。

辨识交易成就者

接下来，列出你的交易成就者。从现在开始，你将允许这些人进入你的房间。这份列表将帮助你斟酌你是否允许基于某人行事（以及在较小程度上）所体现的价值观，开启任何一种类型的人际关系。

这项练习与交易破坏者练习相反。交易破坏者练习要放在前面，因为我们已经看到它是如何立竿见影地引起他人的共鸣的。而这项练习可能让人有点摇摆不定，因为我们往往将交易成就者的特别之处视为理所当然。如果我们选择最亲近的人——我们的挚爱或视为珍宝的人——将他们的价值观与其他美好品质区分开来可能会很难办。最好先从不是亲密伴侣或家庭成员的人开始，然后问自己，我崇拜谁？

在你认识和喜欢的人中间，有哪些特质是你欣赏的？其中可能包括勇敢、正直、温柔、坚毅、忠诚、博学或主动。想想你认识的那些表现出这些特征的人，这个人已经在你的房间里了，因为你喜欢与其共处。

我们认识一个人，他担任多家大公司薪酬实务方面的顾问，同时创业也很成功。他总是乐观积极，并为他所在的社区贡献了大量时间。不了解他生平的人完全不会想到，他早年丧母，最亲的同辈自杀身亡，离过婚，还经历了其他会让很多人沉湎于愤怒、痛苦以及顾影自怜的悲剧。然而，这个人却以某种方式将他个人的失落转化为对他人无穷无尽的悲悯与善良。出于这些品格，我们将他列为名单上的交易成就者。

如果你发现自己正在对回想起来的某项品格进行二次评判，认为它不属于价值观，那就想想它对自己的吸引力何在。这总会指向一个价值观。比方说，也许你写下一个名字，并在旁边备注了"有趣"或"机智"。那些是价值观吗？不完全是——它们是技能、技巧或是性格特征，但它们指向讨你欢心的某些特点，比如一个总能让别人开怀大笑的人散发出的友善，或者一个通达人情世故之人所具有的智慧。你重视哪个特质？

在情感层面上，有一条线索对一部分人比较奏效：那就是问自己，有没有这样一些人，你既喜欢，又因为他们所展现出来的价值观而稍稍心生嫉妒？如果你还记得某人拿镜子反照我们的价值观那个比喻，那么嫉妒的作用就是它的积极版本。不要沉浸于自己对财产或财富的嫉妒。关于你所想到的那个人，你也许会说："我愿意像她一样慷慨，因为慷慨对我来说意义重大。"这一过程的关键不是要让你变得完全像那个人，而是再次确认对你来说最重要的价值观。

斯图尔特与赤道咖啡的创始人布鲁克·麦克唐纳和海伦·拉塞尔是朋友。他可以简简单单说一句"他们是可爱的人"，但这远远不够深入。看看他们的故事，很明显，他们展示了美好的价值观。布鲁克和海伦致力于通过咖啡让人们生活得更好。在关于农民、烘焙商、工人和支持者的问题上，他们言出必行。赤道咖啡拥有公益企业认证，这意味着它已经通过了一套严格标准的考核，证明其能平衡企业目标与商业利润，造福大众。近三十年来，布鲁克和海伦一直坚持他们的愿景。他们的质量标准高得出奇，而且在业务方面，他们所做的一切都符合他们的信念，这就是正直诚信的定义。

想到这两个朋友，斯图尔特将言出必行、坚定不移、重视品质和正直诚信列入自己的清单。他钦佩这些价值观，因此将它们列入清单。2016 年，赤道咖啡成为由性少数群体经营的第一家被小型企业管理局评为年度全国小型企业的公司，因此清单上也列上了成功与成就。

就像上一个练习一样（但会更有趣），创造一组能帮助你在生活中做出更好决定的规则或特性。拥有的这些内容为价值观的人就是你的首批交易成就者。

以下是从现在开始，关于你会允许进入你房间的人员的一些规则示例：

● 对于维持人际关系，他们做出的贡献必须与我等量。

● 他们必须在能对世界产生积极影响的领域工作。

● 他们必须忠诚且诚实。

● 他们必须思想开明，有幽默感。

到目前为止，你已经列举了一些交易破坏者和他们所违背的价值观，也列出了一些表现出你所信奉的价值观的交易成就者。现在是时候由内而外地思考了，做一张更长的清单，列出你最重要的价值观。

列出你自己的价值观

在向人们宣导价值观的重要性时，我们经常看到一些人在花点时间坐下来认真思考了他们的价值观后，从中获得了个人启示。你可以像您希望的那样简单创建价值观列表。目标——无论你如何实现它——是为了让你认识、认可并建立一系列明确的目标和清晰的价值观，你的生活以此为基础。这些价值观让你得以决定谁可以通过你的门卫进入房间。

你的价值观可以属于当前，也可以属于理想。理想的价值观是指你渴望在人生中实现的那些成就。由此，为了让你的收益最大化，我们提个要求：你要确认自己赖以生存的价值观，以及自己正在为之奋斗的价值观。我们在本书后文中还会教你如何管理房间里的人，清楚识别两种价值观会让你有更清醒的认知。出于本次练习的目的，理想的价值观很重要，但又有所不同。你当前的价值观是你行动的基础，而理想的价值观是你为之奋斗的存在。

➡ 以下是可能引起你共鸣的潜在价值观的初级列表。价值观可以写成词语、词组或完整的句子，正如我们将在本章末所展示的那样。下面的列表只是为了引导你开始思考你的价值观可能包括什么内容。请自由标记让你感到有共鸣的内容，并增添一切其他适用于自己的内容。

成就——完成自己设定的目标；

冒险——经历激动人心的过程，收获不曾有过的体验；

本真——依照自己的价值观和信念行事；

归属感——与他人有情感联结，被他人喜爱；

承诺——全心全意地引导自己朝向目标或承诺前进；

社群——感受到自己与一群人产生了有意义的联结；

同情心——同情他人，关怀或关心他人；

能力——做事高效；

尽责——做事有原则、缜密周到；

勇气——坚持自己的信念；

干劲——驱动能量专注于一个目标，直到实现目标为止；

同理心——理解他人的感受；

耐挫——尽管遇到了困难和/或挫折，但依然为实现目标而努力；

平等——尊重每个人平等的权利；

家庭——照顾所爱的家人并与他们共度时光；

财务安全——积累财富，让自己的需求得到满足；

宽恕——原谅或豁免他人的过错；

自由——拥抱自由，践行选择权与自由意志；

友谊——体验长期的密切联系；

给予——将自己的时间、金钱与才能用于某项事业或某个人；

感恩——感念那些善意或有益的行为；

成长——朝着更高的技能水平、更高尚的信仰、更成熟的境界和更伟大的目标前进；

健康——持续改善身心健康；

乐于助人——帮助他人，满足他们的需要；

谦逊——注意到自己对所有人真正的重要性；

独立——控制自己的思维与境况；

创新——尝试新颖的、能体现创造力的做事方式；

知行合一——让自己的行为与信念保持一致；

正义——追求公平与道德层面的正确；

求知——获取智性激励以及新想法；

领导力——为人员和项目提出指导建议，设定节奏；

终身学习——保持好奇心，感受精神与情感的成长；

忠诚——忠于自己的所言、承诺和所爱；

个人成就——基于自己的价值观，带来积极的影响；

传授——通过分享智慧、技能和经验领导并指引他人；

义务——有担当、有责任感；

机遇——享有机会、体会进步与提升；

合作伙伴——与他人共同努力；

坚毅——尽管遭遇挫折或困难，但仍向着目标继续前进；

个人成长——追寻新技能与自我意识；

快乐——寻求个人享受和乐趣；

权利——有能力影响他人；

认可——因自己的努力而受到关注；

人际关系——努力与他人建立有价值的联系；

责任——信守承诺，肩负责任；

风险——探索未知，挑战极限；

安全——远离危险或隐患；

服务——将自己的时间与天赋投入更伟大的目标或事业；

精神成长——寻求自己与更高目标之间的联系；

自发主动——活在当下，毫无保留地做出行动；

功成名就——实现各种目标；

协同合作——与具有各种各样才能的人协力实现新的目标；

团队合作——根据议定的规范和标准与他人合作；

宽容——对不同的想法持开放态度；

传统——尊重做事的既定方式；

旅行——以多样的方式体验世界上未曾踏足的地方；

智慧——将知识、判断与信念运用于特定情形。

我们提供了上述这些简单的定义，但你可以用契合自己心意的方式阐释任何一种价值观。你在这里寻求的是身体与灵魂、心灵与思想的共鸣。没有正确的答案，只有那些你觉得与之产生了真正联结的答案。你不需要一口气完成这个，你也绝对不是在与任何人竞争。为自己留足空间去接纳自己的回答，然后随着价值观逐渐变得清晰再做出修改。但无论如何，你必须保持诚实。

在确定最重要的价值观时，人们常常从排除法中获益。如果你也想尝试，请圈出这张不够完整的列表中最能引起你共鸣的十种价值观，然后慢慢删除其中的三四个，使你专注于更重要的价值观。

要验证你的答案，请思考如果所选词语或词组代表你的核心价值观，你将如何行动。补全下列句子可以提供极大的帮助。以这样的句式开始："如果这个价值观对我而言真的很重要，我将……"然后看看这样的语句会带你去哪里。你的终版列表可能会包含你乐于积极遵守的条款，且能准确地反映出你渴望成为怎样的人。

下面是几个填写句子的示例，为你提供思路。

● 如果财务安全对我而言真的很重要，那我将不再为自己并不需要的东西徒增信用卡债务，而是开始专注于每年为自己的储蓄或退休计划投入。

● 如果服务和有所作为、个人成就对我而言真的很重要，那我将不再止步于围绕志愿服务的夸夸其谈，而是选择一个慈善机构，每周做志愿服务。

● 如果责任对我而言真的很重要，那我将不会再因为自己的失败而责备他人。

上述练习可能并不容易，但请记住，如果你不承认自己的不足之处，也就无法践行自己的价值观。

房间法则

目标和价值观是相辅相成的。在你的人生历程中，与自己的门卫及门房合作使用目标与价值观的力量，可以为你的生活带来巨大的积极变化。只有当你践行自己的价值观且与志同道合的人在一起时，你才能清楚自己的人生计划，同时看清当前的目标。

当你将完全支持你的人生计划、价值观、目标的人带入自己的生活时，这些积极的决定会随着时间的推移而整合起来，你的生活也会获得动力。但要小心，因为反之亦然。如果你没留心自己放任哪些类型的人进入你的生活，那么你自己行事也会杂乱无章——大多数人就是这样——那么你的生活将会混乱不堪、难以管理。

有时，人们很难承认他们现在真正看重的是什么，在未来想要看重的又是什么(即他们的理想价值观)。事实上，你当前的价值观指向自己此时此刻正在投入时间的地方，而你的理想价值观(即你希望在生活中展现的价值观)是你想在生活中表现出来的东西。如果我们带着摄像机跟拍你一周，我们会通过你目前生活中真正优先处理的那些事快速了解你真正重视的是什么。假如我们真的能那么做，那么我们的跟拍摄像机多久会记录一次你所做的事情完全不符合你所主张的价值观？

你是否认为耐心很重要，却会对车速缓慢的司机按喇叭？你是否重视细致周到，开会时却总是迟到？又或者，精神成长对你来说很重要，但你却总说"总有一天我会做到的"，而不是每天阅读相关书籍或冥想15分钟？

你所看重的和你的行为之间的这些小脱节就是路标，指引你以更符合自己真实信念的方式生活。它们并不都是戏剧化的罪恶。这些徒劳无益的行为想方设法地进入你的生活——进入你的房间——通常是通过渐进的步态或是不断的妥协进入的。现在，是时候拿掉所有徒劳无益的行为与价值观，以新的价值观取而代之，由此为你创造更充实的生活。

如果你想进行全面的在线价值观评估，我们的好朋友托尼·亚历山德拉开发了一个名为"24×7评估"的在线平台，该平台将帮助你开始了解哪些价值观（或如他所说，动力）对你来说很重要。

　　动力评估确定了个人价值观或动机的7个潜在驱动因素，这些驱动因素存在于每个人身上，只是程度有所不同。通过对这7个关键因素进行详细的评测，动力评估能够提供具有实践意义的建议与洞察，这些对于最大限度地提升执行力与具体产出很有必要。你可以通过访问该平台的"动力"页面获得一份全面的报告。

你还在挣扎吗？

　　有个做法比较有趣，那就是写下你觉得自己的价值观应该是什么，同时却又对它们事实上是什么有些含糊其词。这种情况总会在某个时间节点给你制造冲突。规避这一陷阱的一计良策是想想你最喜欢与之共度时光的5个人——你最好的交易成就者。拿5张纸，在每张纸的顶端写上一个名字。接下来，选定最能描述你朋友核心价值观中的7~10个。回看这5张纸，统计出现频率高的那几个价值观并将它们记录下来，最多10个。几乎可以肯定，这就是你自己的核心价值观，因为在与朋友的相处中，你与这些价值观产生了共鸣。

　　如果这份清单没有反映出你想成为什么样的人，那么是时候让自己忙碌起来了。你的房间里需要一个新的朋友圈——那些人会认同你的价值观，还有对你而言重要的事情。你的生活会映照出你最常相处的五六个人（记住：你会成为你的同行者）。如果你的核心朋友圈由可靠、勤奋、充实、很少抱怨的人组成，那么你很可能也是这样的人；但是，如果你核心朋友圈的人有毒，他们酗酒、人际关系破裂，那么你的人生也可能陷入同样境况。

有些教训代价更大：
伊万的故事　第一部分

伊万讲述的这个故事告诉我们，你房间里的任何一个人都有可能给你上一课，你为什么必须时刻留心。

几年前，我的公司正处于史上规模最大的一个项目的中期阶段。该项目涉及众多人员，复杂程度惊人，且投资不菲。该项目一时间陷入泥淖。我需要为项目团队选择一个关键人物。我选中的人极其专业和优秀。他非常适合这个项目，是能帮助扭转局面的不二人选——至少那时我是这么认为的。然而，我知道，他是拖着很多行李来的。他并不能与他人达成稳定且友好的合作。与人交谈时，他会时不时情绪失控，给我们的办公场所制造了不少闹剧。

我在过去大部分时间里活得极其理智。在这方面我和《星际迷航》中的斯波克[1]如出一辙，只不过我没有尖尖的耳朵。当时，尽管我的直觉发出了黄色警报，但我还是雇用了他。我担心过闹剧和情感爆发会带来问题——但是，我相信我可以指引并带领他克服这一切。

事实证明我错了，大错特错。尽管他能力过人，但他的行为劣势足以抵消他的技术优势。那个项目在一年内从身陷泥淖变成了水深火热，大大超出了预算，且严重落后于原定进度，还与我预期中的质量相去甚远。因为他不曾自发且主动地分享信息，项目中的大多数人都不理解，甚至不了解项目的许多方面。

事情还没有到会让我在参加会议时当即大喊大叫、让自己的人生列车脱轨的糟糕程度。他也不是惯于穿着职业装在房间里蹦来跳去、一边叫喊一边扔东西，像打了类固醇的鲍勃·奈特[2]一样抄起椅子就摔。你要是看到那种行径，难免会怀疑这个人是否患有严重的精神疾病。

事情的发展既没那么明朗也没那么刻意。起

---

1 斯波克（Spock），科幻影视作品《星际迷航》（*Star Trek*）中的角色，能够在很大程度上抑制情感、遵从理性与逻辑。

2 鲍勃·奈特（Bob Knight），美国篮球教练，曾率领美国队获1984年奥运会男篮金牌。——译者注初看起来只是化学反应不佳、成员之间相处不融洽，又或者少了点团队合作精神。请记住，我当时的确非常需要这位人才，做的决策也合乎逻辑，为了完成项目，被迫忍受他的缺点。显然，我错了，和我之前提过的一样，不过我花了一段时间才承认这个错误有多严重。我告诉自己，我也曾经历过比这更糟糕的事情。但也许并没有，也许那就是我人生中最糟糕的事情。

当我首次接触到"谁在你的房间里？"这个理念时，我当即认定，这个人从一开始就不该出现在我的房间里。

我明白，要把他挪出项目，肯定既困难又痛苦。但我也看得清现实，这件事非做不可。最终，几个月的时间过去，团队中的每个成员一起打下基础，我让他们亲自参与他们需要知道却由于这个人缺乏决策力而仍然不知情的部分项目。我不得不暂时放下不少日常职责，将大量时间投入这个过程中。我提拔了一些人，又调动了其他人，一切准备就绪后，关键步骤落地了，让那个人走了。这个项目立即发生了明显的变化。如今，它成为我期望中的那个产品，作为一名企业家，我因为它而感到自豪。

我从这个代价昂贵、压力巨大的过程中习得的教训是：不要仅仅出于人们的专业技能就放他们进来。我想要一个没有闹剧的工作环境，而现在我为我的组织选拔的人，正是我想要他们在我房间里的那些。现在，我努力选择那些契合企业文化的人选，他们合作互助、分享信息和知识，也不会在工作流程中上演艾美奖获奖肥皂剧般的桥段。

我还记住了另一个教训：我需要相信我的直觉。我听说这叫头脑与心灵间的平衡。我和我的门卫正在努力。

5

Linking Your Values
to Your Life

将你的价值观
与生活联系起来

坦诚地评估你今天是否真正践行了自己的价值观，可以让你准备好识别自己的价值观与行为在哪里发生了冲突。要维持房间内的健康生态，关键是将你的价值观与你的生活联系起来——换句话说就是，真实地生活。

当你写下一长串价值观（不一定是最终版本）时，在每一条价值观之后写一两句话来描述这个价值观对你而言有多重要，以及你如何通过自己的行为来践行它。思考你的价值观能在生活中发挥作用的不同领域，是有所裨益的。针对每个价值观，你可以写一两句话，或者根据该价值观如何分门别类地归属于生活的某一领域来对描述进行排序，例如职业价值观、育儿价值观、社会生活价值观、家庭价值观，以及金钱投资价值观。

以下是个人价值观和描述的示例：

- 家庭——家庭是个人的基础。我珍惜与配偶和家人在一起的时光，并会寻找与他们共同成长的机会。
- 人际关系和团队合作——我寻求与优质人才发展并促进稳固与友爱的人际关系的机会，我也知道，当我帮助团队达成合作时，我会更加成功。
- 领导力/指导/培训——我相信，领导力是我成功的最重要的因素之一。我寻找志同道合的导师、同僚和员工。我既喜欢得到机会去指导和培训他人，也喜欢获得接受他人指导与培训的机会。
- 身体和精神健康——我保持着健康的生活习惯，坚持健康饮食、锻炼和冥想，也会规避可能损害我的健康或心智的事情。

● 终身学习——我认为从学校毕业并不代表着学习的结束。学习是我终身都想投入精力的事情。

今天的待办事项

查看你今天的待办事项清单。针对每一事项都问一问，它是否涉及你房间里的某个人，这个人又属于哪里？大声说出这个待办事项可以帮你实现的那项价值观。如果是很简单的事情，比如"打电话确认理发预约"，你可以说："修整外貌是好事。我和这位理发师的关系就是简单聊聊天，所以理发师在我的房间里，但不会离我太近。"如果某个事项需要你投入更多，比如工作会议，那就想想与你一起工作的人、你和每位同事的人际关系，以及他们在房间里与你的距离。你可能会发现自己的门房得做点事重新布置房间。如果没有，你可以花点时间欣赏一下自己这个完善的房间。

价值观造就不同：斯蒂芬妮的故事

我们的朋友兼合作伙伴里克·萨皮奥向我们讲述了下面这个故事。在故事中，他和他的好朋友斯蒂芬妮分享了与价值观相关的看法。

几年前，斯蒂芬妮因家中突发急事前来找我，她已经无计可施了。当时的情况是，她有 4 个女儿，最大的女儿邦妮当时 18 岁，正与一个 20 岁的毒贩打得火热，为此不惜过上东躲西藏的日子。这种关系已经持续了两年多，这在斯蒂芬妮原本平静的心中搅动起巨大的波澜，更危险的是，这样的影响也波及了 3 个小女儿。

邦妮会一连几天夜不归宿，偶尔还会从家中抢掠金钱和珠宝。斯蒂芬妮想尽一切可能来挽救她的女儿和家庭，但邦妮从未悔改。

我建议斯蒂芬妮教她女儿基于价值观来做决策，也要教她关于门卫和门房的原则。一天早上，斯蒂芬妮和她的女儿一起坐下，列出了一份价值观及其相关含义的清单。她们谈论正直、母性、健康、荣誉和人际关系，列出了邦妮最看重的价值观。

斯蒂芬妮让邦妮想象一下，有一个门卫站在她人生房间的入口处。接下来，她又让邦妮想象，当任何人或事物与她新列出的这些价值观相冲突时，这位门卫都有权拒绝放行。她补充道，邦妮的门房可以将那些损害她价值观的人带到一个类似于隔离病房的地方，那个地方专门安置那些住在你房间却对你不利的人（我们会在下一章加以描述）。

斯蒂芬妮和邦妮的整个谈话持续了大约 30 分钟。

几个月后，斯蒂芬妮哭着给我打电话。那天早上，邦妮像往常一样下楼吃早餐，但她好像有些不一样：她好像比前几个月要平静多了。斯蒂芬妮和她的丈夫安安静静地坐在那里，吃惊地听女儿对他们说她和男朋友已经分手了，她再也不会见他了。

当父母问及原因时，邦妮说："简单得很，他完全不符合我的价值观。"

仅需30分钟的简单小练习，就为斯蒂芬妮和她的家人避开了潜在的家庭破碎、亲人吸毒、入狱或其他悲剧。你有可能会，也可能不会遇到这种十万火急的情况，但是将本书中的课程应用到你的生活中，会给未来带来多大的改变呢？

我们希望你想象自己正在人生的沙漏中划定界限。想象一下，从现在开始，你未来做出的每一个关于什么人、什么事物进入你房间的决定，都完完整整、原原本本地符合你以全新方式声明的价值观。现在再想象一下，如果你余生中将这些坚决的决定一个个地复合叠加在一起，你的人生会是什么样子？

你的价值观和你房间里的人

在上一章里，你想到了自己的5个朋友，这个练习会让你更深入地沉浸其中。回想你在第三章中列出的房间成员清单，这次注意一下哪些人真正认同你的价值观。你可以多重复几次这个活动——你花的时间越长，越能充分地理解哪些价值观是最重要的，以及人们如何通过他们的行为诠释这些价值观。最见成效的问法是"哪些人"。

➡ 以下是一些抛砖引玉的内容：

● 哪些人为你带来符合你价值观的东西？

● 哪些人为你带来快乐？

● 哪些人支持你？

● 当好事发生时，哪些人为你感到幸福？

● 哪些人由衷地接受你成为真实的自我？

● 你觉得从哪些人身上可以学到东西，并视谁为老师或引领者？

● 哪些人能激发出你最好的一面？

● 和哪些人在一起时，你觉得自己最有活力？

思考完这些问题后，写一两句话解释你为什么重视这个人，然后将这些句子与你的价值观联系起来。如果你想用过去式来写句子，也完全没问题。归根结底，一个人一旦进入我们的生活，与其相关的记忆就会永远留驻在我们的思想中。写下你能与房间里的人保持良好关系的原因。以下列举几个可能用得上的示例做具体说明：

家庭——我的父母无条件地爱着我、支持着我，无论我是否成年，他们都未曾改变。我们会永远地守护彼此，哪怕我们之间意见并不总是一致。（价值观=家庭、亲密关系）

配偶——我的配偶是我生活中的伴侣，与我同甘共苦。因为彼此间的陪伴，我们总能收获开怀大笑、温暖的拥抱，

在即将落泪时也有个肩膀可以依靠。(价值观＝承诺、亲密关系)

朋友——我的跑步伙伴让我有动力和责任感实现我的健身目标。(价值观＝健康、友谊)

社群成员——我的邻居都是善良的人，他们乐于助人，而当他们需要帮助时，我也同样乐于助人。(价值观＝社群、友谊)

工作伙伴——我在公司的同事是值得信赖的朋友，我支持他们，也要向他们学习。(价值观＝友谊、学习、增值)

接下来，问问自己与之相反的问题：哪些人带来了与我的价值观不一致的事物？列出那些因不符合你所述的价值观而给你带来最大痛苦与悲伤的人。这些人阻碍了你，你必须学会如何与他们相处。(关于这一部分，我们稍后会为你详细解释。)

记住，比起从最开始就不允许某人进入你的生活，一旦这个人进入你的生活，与其打交道可就要麻烦得多了。想想你人生中的某个时刻，当你认为你选择的事物能为你带来良好机遇时，却误把不符合价值观的人也引到了这个房间。你开始注意这个机会是如何消耗你的时间、精力或金钱的——很可能三者兼而有之。

与先前的列表相反，现在试着从人员名单中辨识出与你的价值观相冲突的一些人际关系，例如：

与 (某人) 的友谊——这种友谊让我筋疲力尽，因为这个人的来电往往只是为了向我抱怨或请我帮个大忙，这个人永远不会听取我或其他任何人的好言相劝。这符合了我关于交易破坏者的规则，我的房间里不需要任何人上演一出闹剧。此外，我俩之间的电话交流会占用我陪伴家人的时间，这也违背了我的价值观。

董事会成员——我原先以为自己想成为这个慈善机构的董事会成员，但董事会混乱的管理快把我给逼疯了，我们压根什么都没做成。尽管我加入董事会是为了寻求增值，但我无法实现这个目标，对改变的抗拒要比我为一些占用我个人生活时间的事情而奋斗的意志强太多了。

社交媒体上3/4的朋友——我没有从社交媒体中获得乐趣，反而感到沮丧，因为我看到很多联系人发布的内容与我看重的价值观不一致。我并没有感到与我深爱的、身在远方的朋友和亲戚心有灵犀，反倒让自己闷闷不乐。

撰写个人宣言

撰写个人宣言让不少人都有所收获，它提供了另一个角度，供你深入了解你和你房间里的人。

个人宣言可以帮助你思考如何将你的价值观补充到你人生最重要的目标和信念中。在个人宣言里，你的价值观可以分门别类地归入生活的不同部分。你可以用各种各样的方式对你的生活进行分类，但我们更倾向于用这7种：工作/职业、财务、家庭、健康和幸福、精神、朋友和社交生活、乐趣（即在生活中，你想从哪些方面获得乐趣）。这份宣言指向你人生的"目标"，你最看重的价值观是什么？你的成功秘诀是什么？你的遗产有哪些？你在这7个领域有哪些长期意向？你与这些意向相关的目标又有哪些，以及你所喜爱的正向且肯定的话语，或是鼓舞人心的绝妙名言？我们写下了一位45岁的科技服务公司负责人可能给出的答案。

目标：我的人生目标是通过自己的事业、家庭和社会生活，尽我所能地传递欢乐。

我的人生成功秘诀：我总是乐于承担责任、领导他人。

一个词形容我的工作：高效。

我希望我的遗产是：我的遗产是我教授过很多人如何高效地经营他们的企业。我给出的建议在我离世后仍然具有价值，能为人所用。

我最看重的价值观 (为下面的每个类别填写1~5个价值观或目标)：

商业/事业——效率、正直诚信、成功、欢乐、遗产；

财务/物质——独立、房产、孩子的教育、旅行；

家庭——家人健康、终身浪漫、开枝散叶；

健康/幸福——坚持跑步、减少焦虑、取予有节；

精神——融入社群、修心、学习、亲近自然；

社交——大家庭、人们对我成就的认可，成为我参与的服务机构的成员；

乐趣——与配偶和孩子共度时光，旅行、打高尔夫球、共赏经典电影。

我的长期意向：

商业/事业——经营一家营收700万美元以上的科技服务公司。

财务——到我60岁时，我们的家庭净资产超过200万美元。

家庭——我的家庭关系健康、亲密，成员也在不断成长。

健康/幸福——我的健康状况优于80%的同龄人。

精神——定期去教堂，保持冥想和学习的习惯，让我的精神生活日益丰富。

社交——我的社群健康且热情，充满了活跃的成员。

乐趣——我总能从跑步、打高尔夫球、看经典电影，以及与家人共度时光中获得快乐。

我的目标（在下面的每个类别中列出尽可能多的目标。符合你的意向即可，无关目标大小）：

商业/事业——使我的公司在5年内成为"最适合就职的小型企业"。

财务——实现退休储蓄金额的最大化。

家庭——每年与家庭成员度假两次，同时不影响工作。

健康/幸福——维持理想体重；每年参加一次静修。

精神——今年参加为期4天的静修。

社交——今年举办6~8场晚宴，邀请不同的客人。

快乐——5个小时以内跑完马拉松；在高尔夫球场上打出差点[1]11的成绩。

我最喜欢的励志名言：

1　　此处的"差点"全称"差点指数"，是国际通用的一种高尔夫球技术标准，用于衡量非职业高尔夫球选手的能力。其数值为一位选手完成一个回合的比赛实际需要的杆数减去球场的标准杆数，因而差点越低，代表选手水平越高。——译者注

未经你的同意，没有人可以让你感到低人一等。——埃莉诺·罗斯福[1]

要这样生活，仿佛你寿命永恒。要这样工作，仿佛你精力无穷。——奥格·曼狄诺[2]

我的每日正向肯定：

为了所有人的最高利益，眼前或更好的事物正以完全令人满意且和谐的方式呈现出来。

你在谁的房间里？

在你养成管理好房间习惯的过程中，反思一下你在哪些人的房间里，你在这些房间里处于什么位置以及相关原因，这会很有帮助。即使他们没有听说过"谁在你的房间里？"这一理念，他们与你建立了人际关系、他们在你的房间里也依旧是不争的事实，这就意味着你也在他们的房间里。

很多时候，会存在一个价值观的优先级高于另一个价值观的情况。比如，即使坚信为人应当诚实，你还是会自然而然地说点小谎，让生活少些麻烦。才华横溢的礼仪作家朱迪思·马丁说过："问题就在于对撒谎有着僵化的定义。"拒

1　此处指安娜·埃莉诺·罗斯福（Anna Eleanor Roosevelt，1884—1962），美国第 32 任总统富兰克林·罗斯福的妻子。第二次世界大战后她出任美国首任驻联合国大使，并主导起草了联合国的《世界人权宣言》（*Universal Declaration of Hunman Rights*）。——译者注

2　奥格·曼狄诺（Og Mandino，1924—1996），美国企业家、畅销书作家和演说家。——译者注

绝你不喜欢的人的邀约时，可以说"我很想赴约，但我去不了"（谎言），也可以告诉他们"你让我恶心"（事实），两者之间的实际区别并不在于品性是否诚信、正直，而在于意向如何。你在别人房间里的任务就是带着善意行事。真正的诚信、正直也包括权衡你行为的后果、根据你的价值观行事，并对你的行为负责。在这种情况下，简单纯粹的善意要比毫无保留的坦率更重要。

如果你自愿进入某人的房间，但随着时间的推移，你意识到这是一个错误（比如与前任伴侣相爱），以助人为乐或积极向善的姿态留在他们的房间里，就意味着你坚持按本分行事，同时善意地拒绝他们让你再靠近些的恳求。这也等同于将自己的房间收拾得井井有条，因为你正决定着自己应当与对方保持多远的距离。最终，整件事对他们也有好处。毕竟，谁会想看到身旁的人心不在焉呢？

让我们更进一步看看这个例子：一个你不喜欢的人多次发出邀请，坚持要拉近与你的距离。他没有察觉到你的情绪。在这种情况下，设定边界就意味着更明确地传达情绪。"我上次在你家享用的那顿晚餐很开心，但我觉得我的房间/日程/生活现在已经满满当当了。无论如何，都感谢你的邀请。"

人生中的人际关系几乎从来都不是对称和完美平衡的。在人际关系的取舍中，你必须知道某人需要你付出多少精力，无论是注意力方面、忠诚度方面，还是在你人生所余呼吸之中所做的其他投资。

房间法则

本书包括很多练习，这些练习都有其特定的顺序，以提升你整理房间的效率。但是，你不必一次全部做完，甚至不必按顺序完成。探索自己的价值观、人际关系、目标和灵感是一生的事业。你可能会发现所行的道路是循环的，或者发现自己走上了未曾设想的小路。那也没关系，因为这是你的房间，而不是别人的。

你可以把自己摆在架子上

你已经在很多房间外的门廊中站着等待过了，请求房间的主人开门让你进去，而你也的确被迎进了其中许多房间。因为一旦进门就会永远留在他人的房间里，所以你需要问问自己想在那个空间里如何生活。你进入许多房间时，期许着事业取得进步，抑或是幻想着夏日浪漫的邂逅。你可能凭借自我伪装，进入其中一些房间（你知道个中玄机）。简而言之，你进入一些与你并不相宜的房间。这时你该怎么办呢？

把自己放在架子上。

如果你意识到自己正在利用一段人际关系，只为从中得到些什么，却没有投入任何有价值的东西，你可以退后几步。从精神层面把自己剥离出去，看看你的行为会如何改变。或许你不再那么频繁地请人帮忙，或许你还有时间发展一段更为互帮互助的人际关系。也许比起你有求于他们，事实正好相反。

099

这是正直、诚信的生活方式的一部分。当你纯粹为了自己的利益而进入某人的房间时，他们并没有免费发放资源，但你待在他们的房间里实际上就是在掠取资源。退后几步，重新衡量这还是不是你想要的生活方式。

如果这位"某人"是与你关系亲密的人、伴侣、商业伙伴或其他来往甚密的熟人，我们会建议你从为自己房间定下的原则出发，基于某种视角进行观察。我们无意劝说、更不建议你走得太远或乞求对方允许你再次靠近。我们建议你先弄清楚这种关系对你的意义，然后再雷厉风行地解决你在他们生活中所处位置的问题。又或者，如果你对自己在他们房间所处的位置感到惊讶，那你应该思考一下他们为什么会待在现如今的位置。

我到过的房间：悉德的故事

悉德·菲尔德被CNN誉为"编剧界的大师"，被《好莱坞报道》(The Hollywood Reporter) 誉为"全球最受青睐的编剧老师"。他的著作《电影剧本写作基础》(Screenplay: The Foundations of Screenwriting) 至今仍被视为电影业的"圣经"。2006年，悉德入选了久负盛名的"Final Draft"[1]名人堂排行榜。多年前，他与我们分享了下面这则故事。

1 一款剧本编辑软件。——译者注从小到大，我和我所有的朋友一样，都十分叛逆。高中时，我们就是那种不断惹是生非的家伙。但同时我们也是田径队的明星运动员，所以大多数情况下我们都能安然逃脱。我的家人都还记得，父亲在我12岁那年去世后，母亲为我操碎了心。她担心我如果一直这么叛逆下去，日子会过得一塌糊涂。更何况除了田径运动外，我并未显露出其他什么天赋。

到我们高中毕业时，詹姆斯·迪恩已然是一颗冉冉升起的好莱坞新星。我的朋友弗兰克偶然认识了詹姆斯，他开始和我们一起出去玩。我的房间就是我们的据点。我们常在好莱坞大道无所事事地闲逛、惹麻烦。我们打了太多次架，最后进了少管所。我们是最典型的那种坏孩子。

不知为何，詹姆斯·迪恩在我们的房间里找到了某种自由和另一种看待生活的方式。对他来说，那些时日他没再过演员一板一眼的生活，而是在生活中畅享着无拘无束的自由，而表演也是其中的一部分。在詹姆斯出演《无因的反叛》(Rebel without a Cause) 大约一年后，我们意识到我们的团伙正是电影里的"坏人"的原型，所以我们开始全力扮演这个角色。

之后，我的母亲去世了——就在我生日那天。我的性格开始发生翻天覆地的变化。再三考虑之下，我没在生活中继续充当那个叛逆张狂、爱惹麻烦、回头率极高的大嗓门。我成了一个安静内向的人。虽然我作为南加州大学田径队的成员帮助队伍获得了全国冠军，但我还是决定退出田径界。

我去了加州大学伯克利分校，从一个叽里呱啦的刺儿头变成了一个安静内向的好学生。

在伯克利分校，我像是在漂流一样，不知道自己要去哪里，但仍在寻找自己真正想要的东西。我开始尝试表演，收效还不错。然后我遇到了我的导师让·雷诺阿，他是法国电影导演、编剧、演员、制片人和作家。他邀请我进入他的房间，此举改变了我的人生方向。雷诺阿对我说："电影就是未来——不要把时间浪费在英国文学上，不要把时间浪费在成为一个专业人士上，未来的大趋势就是做电影！"他给我写了一封信，在信里将我引荐给了加州大学洛杉矶分校电影系。

我在加州大学洛杉矶分校认识了雷·曼札克和吉姆·莫里森，他们两个都是一支名为大门乐队 (The Doors)[1] 的摇滚乐队成员。我们一起参与电影制作，一起出去玩，直到他们进军音乐界，我叔叔给我找了一份在电影行业打杂的工作。我当时还是个毛头小子，但我知道自己有个不同寻常的天赋——我能找到东西。我找到了其

---

1 美国摇滚乐队，1965 年成立于洛杉矶，1973 年解散。成员有主唱吉姆·莫里森、键盘手雷·曼札克、鼓手约翰·丹斯莫和吉他手罗比·克雷格，乐风融合了车库摇滚、蓝调与迷幻摇滚。据美国唱片业协会统计，该乐队在美国拥有至少三千二百万的专辑销售量。——译者注

他人找不到的猪湾事件[1]实录镜头片段。我找到了格蕾丝·凯利[2]充当模特的第一支广告片。我还找到了玛丽莲·梦露出演的第一部影片——Union 76[3]的广告片。

一个奇怪的天赋，但我的的确确拥有它。我明白了，只要自己下定决心，就能找到东西。我还记得那个顿悟的时刻：自己的房间建造得成功与否其实由我自己选择。这真切地改变了我的生活。那一刻，我意识到我可以选择自己想要的生活。

我初任教职时，教得一塌糊涂。我是你能想象到的最差劲的那种老师，因为我必须充当专家，比任何学生都要懂得多，面对他们时就只会照本宣科。那时没人想到我的房间里面。情况糟糕到有一天我甚至在想："为什么不把房间颠倒过来呢？"于是我尝试了开放性课堂，回答学生们提出的各种问题。那次经历让我知道，每个人对如何编写剧本都有着相同的疑惑，这促使我开始编写《电影剧本写作基础》，随后一生都在世界各地写作和教学。

对我来说，有趣的是成长。这么多年过去了，我仍然在顺应潮流，重塑自己的角色。对我来说，有趣的是成长。这么多年过去了，我仍然在顺应潮流，重塑自己的角

---

1 猪湾事件，或称吉隆滩之战，是 1961 年 4 月 17 日，在中央情报局的协助下逃亡美国的古巴人在古巴西南海岸猪湾向古巴革命政府发动的一次失败的入侵。

2 格蕾丝·凯利（1929—1982），美国演员，摩纳哥前王妃。

3 Union 76 由美国加州联合石油公司（Union Oil Company of California）在 1932 年创建，是一家生产、销售汽油制品的公司。

色。对我来说，自我是一种有意识的存在，而任何有意识的存在都要生存、成长、变化和适应时代。如果你不适应，一切就都结束了。无论何时，你都能目睹这个规则。无法适应的人会受困于不得志的境地，直至消亡。

导演萨姆·佩金帕邀请我进入他的房间，成为我的良师益友。他的代表作《日落黄沙》(The Wild Bunch) 讲述了一群不再年轻的法外狂徒的故事。他们在穷途末路之下，只能选择抢劫银行。但影片中的故事发生在1913年，那时世界已经改变，他们却不知道该如何去适应新世界。(颇具讽刺意味的是，《日落黄沙》电影本身却以其颠覆性的写作、剪辑、导演和暴力场面永远地改变了美国西部片。) 时代变迁，因循守旧的人们陷入窘境，这正是我理解的事情。

我对于"谁在你的房间里？"这一理念还有一些拓展思考，不仅是在自己的房间里配备训练有素的门卫和门房，我还意识到，我曾经到过的房间在极大程度上塑造了我的人生。所以重要的不仅是谁在我的房间里——还有我到过哪些人的房间。

人们进入你的房间，你也进入他们的房间。有些人是导师，有些人则站在导师的对立面，我们将在第八章中对此进行描述。你的世界不断变化，你必须学会适应——朝着你想要的人生方向改变。悉德学会了"把房间颠倒过来"，他改变的勇气为他的整个人生带来了很多新的机遇和更大的成功。

6

More Tools for
Your Room

更多可以用于
房间的工具

此时的你已经评估了你房间里的人，确定了你的价值观，也读过了一些人在他们房间里收获的经验与教训。如果你暂停阅读、做过练习（我们希望你的确练习了），那么你已经开始掌握管理房间的基本技巧。现在，是时候研习一些进阶技巧了。

密码箱

你可能已经注意到，房间里有相当多的人本不应进入你的房间。他们是交易破坏者——你希望从没放这些人进来过，你巴不得立马将他们踢到路边，只可惜你不能，因为他们已经在你的房间里了。

伊万的母亲教过他如何处理这样的问题："其实，我们不能把任何人踢到路边，但我们可以把他们打包装箱，放在架子上。"

当你的门卫对想要进入你房间的人变得更加挑剔、苛刻时，你的门房应当温和、细致地将最坏的交易破坏者带到一个特殊区域——你房间里最黑暗、最安静的地方。你可以把它想象成远在房间后面的凹室或隐秘的角落；或者把它想象成一个没有门的壁橱或一个老式的大箱子。我们还找到了一个格外有效的意象：密码箱。

你的门房可以将任意数目的人带到密码箱，确保他们只进不出。他们别无选择，因为门房有权力分类并挪动房间里的每个人。一旦交易破坏者进了密码箱，密码箱就会被放在架子上。我们这里说的是你需要站在六英尺 （约1.83米）高的梯子上才能够到的架子。这可不是什么轻轻松松就能摸到的架子！

即使密码箱里的人们可能竭尽所能地引起外界的关注，外面的人们也看不到、听不到他们的动静。一旦被放在你隐喻层面的房间的架子上，他们就不会再改变。虽说仍旧永远不可能离开房间，但现在他们和所携带的所有行李都被隐匿地放置在一个安全的地方——对你来说很安全。

在精神上将这些人关进密码箱，可以让你重新掌控曾被他们控制的生活领域。把那些人和回忆放进密码箱里，转动钥匙，然后把它放在架子上。不要让他们继续控制你的生活。有意识地对自己说："我不再想着你了。"这样可以让自己得到极大的解脱。

对房间里的人进行分类这项活动要长期持续下去。使用笔记本会有所帮助，但你也可能会想到一些需要立即被送进密码箱的人。你还可以用上自己的交易破坏者清单，把这些人分为三类：

- 毫无商量余地，必须锁进密码箱的人；
- 现阶段需要进密码箱的人，但稍后你可能会让他们回到宽敞的房间；
- 你还没有准备好放入密码箱的人，因为总觉得他们还有救。

你应当用"鉴伤分流"来形容这种分类。其本意特别适用于房间这个语境。在拿破仑战争期间，法国军医发明了一种方法，根据受伤士兵的伤情将他们分为三组（鉴伤分流）并进行治疗或医疗后送走。鉴伤分流会优先治疗伤势最轻的士兵，因为这些士兵可以最快地回到战友身边。

你的"鉴伤分流"旨在将已然病入膏肓的人后送到密码箱。你不必立即让每个人都进密码箱。你首先要处理性质最恶劣的交易破坏者。

在具体实践中，这意味着你会尽己所能与那个人保持距离。我们稍后会给出建议，阐述如何在非隐喻的现实世界中做到这一点。现在，考量一下一旦你认定某人属于那个密码箱，当场就可以使用的一些策略：

◉ 如果房间里有人控制欲极强，那就告诉这个人，你已经决定要由自己决断了，这件事没得商量。精确地描述这个人施加的控制有哪些局限性；比如，"每当你告诉我，我必须按你说的那种方式消费时，我就会觉得你正在挪用不属于你的东西。今后我会按自己选择的方式来消费。"

◉ 如果某人总是迟到，还很健忘，请描述其行为和明确的后果："我知道你的计划灵活可变，但这并不意味着我的计划必须随你而变。既然你从不准时赴约拼车，那今后你还是另选一种通勤方式吧。"

◉ 如果有人沉迷于八卦和流言蜚语并试图拉你入伙，你的门房也可以把这种人放入密码箱内，但你也要和他们讲清楚："人生很短，我无暇将自己的时间和精力投入实质上只会带来破坏的无意义场景中。需要注意的是，我不会浅尝辄止地指望你们能理解我的抉择。我要厘清自己认知中的边界：人际关系与闹剧，抑或是合法信息与小道消息。"

没错，我们在提醒你，你必须每时每刻都依照自己的价值观而活。记住，占据你时间的事情，也会控制你的思维。

万一有人保证，下次会改呢？那我们只能说，你需要决定在把这种人锁进密码箱之前，他们有多少"下次"。但请记住，你在途中所忍受的，也会伴你到旅途结束。

下文写到了一些人与他们的相关经历，你可以打包装箱，并从中学习。在鉴伤分流时，你可能会为自己写下这类笔记：

● 一个社交团体——我本来以为自己会很享受这个读书小组，但现在看来，这并不是一段有价值的经历。我没从中学到些什么，只在一次次成员会议上了解了小镇的各种八卦。我会礼貌地退出，每周腾出一个晚上，预留给真正值得我学习的人。

● 一名员工——我知道，雇用乔的时候，他需要有人指导，但当别人为他提供支持的时候，乔总是满不在乎的样子，这让我心灰意冷。他完不成工作，不仅如此，他还频频迟到——这一点让我把乔列入了交易破坏者。我会和人力资源部门的人协作，给他改变的机会。如果他不改变甚至无意改变，我就会把他移出我的团队，并确保接替他的是个守时且积极进取的人。

● 一个老板——我已经忍受了老板的管理混乱和粗鲁言辞长达3年之久，而且情况并没有随着时间的流逝而改善；恰恰相反，变得更糟了。我要看看有没有可能换到其他部门。不行的话，我得着手准备从这家公司辞职了，琢磨琢磨自己还有哪些备选项，结交人脉并申请新岗位。

● 一种憎恨——我痛恨前任通过谎言让我的孩子们与我针锋相对。比起沉迷于怨恨，我选择定期与孩子们联络，向他们表明我在关心他们，爱着他们。

● 内疚（这是个重点）——有时我会因为内疚而允许人们进入房间。而这些人一旦进入，我还会继续因为自己的内疚而给予他们关注。有许多次，我也出于内疚而容忍人们的行为。内疚并不能成就良好的人际关系，它只会制造出一个腐蚀性的空间。今后，我不会再因为别人的问题而放任自己内疚。

● 家庭成员——他们是我的家人，我能怎么办？我的确无法选择不让他们进门，但我以后不会让他们狂乱、失智地在我的房间里跑来跑去了。

你的密码箱渐渐被填满了吗？不用担心——和你的房间一样，密码箱的尺寸也随你的喜好而变。相应地，你也不必将其想象为地牢。也许它看起来更像是一个舒适的酒店房间，远在架子上方，里面的这些人都可以舒舒服服地生活，同时又不让你痛苦煎熬。

房间法则

　　密码箱是管理负面人际关系的工具。你也要将你房间里所有的正面人际关系都检验一遍。告诉你的门房，对于正面人士，要一视同仁，倾注和有毒的负面人士同等程度的关注。很快，那些正面的人 (在下一节中，我们会将他们称为引擎) 将成为你身边的常客。那不正是你想要的生活吗？

辨识引擎与船锚

　　多年来，我们分辨出了那些积极向善，支持我们，因而我们也想要他们陪伴在我们身边的人。他们专注于用自己的方法解决很多问题，也常常愿意以积极的心态去思考挑战。这些人正是引擎。他们帮助我们成为最好的自己，并激励我们以积极的方式继续前行。

　　我们还发现，也确信你同样已经注意到，有些人抱怨起来堪称"奥运赛事"。他们通常很消极，喜欢争长论短，对于各种麻烦问题有执念，却又从不曾在现实层面上帮忙并提供解决方案。这些人是船锚，是他们把我们向后拽、往下拉。

　　"船锚"的复杂性在于他们时常视自己为引擎。他们因挂靠他人而充满活力，但当你需要继续前进时，他们还是会留在原地，他们需要被温柔地护送到密码箱里。

只要体察我们在其周围（线下见面、打电话、发电子邮件，也包括其他联系方式）时的感受，识别对方是引擎还是船锚并不难：有些人是不是总会让你觉得活力满满，即使你们对某事存在异议？你是否期待着见到他们、汲取他们特有的能量，无论那能量是迸发的热情，还是胸有成竹、沉着冷静的反应能力？他们肯定属于你的引擎。你是否害怕接到某人的电话，哪怕那个人喜欢你？你是不是会故意推迟回复某人的电子邮件？这就是明明白白的线索，在提醒你那样的人属于船锚。

深挖自己的反应。如果你意识到自己厌恶某些人的存在，那么这些人很可能是船锚，你可以像上文中的密码箱练习那样，学会放手。或者你可能会承认，你的怨恨其实并不是在针对他们，而是你自己的行为。

怨恨是一种强烈的警告，表明船锚正在限制你。如警句所言：你执起怨恨，就像拿起了毒药，想去杀了那人。这种感情强烈而有毒性，常与未解决的人际关系或事件相伴相生。这种情况经常发生在家庭成员之间。例如，当你发现自己正在夸大某人对你造成的伤害时。在那种情况下，这个练习可能会让你意识到你一直停留在那种自圆其说的怨恨中。如果你发现自己在扮演受害者，那你大概会想把那部分的你放在密码箱里。（这个做法没办法把人们对你造成的真实伤害最小化。谁欠谁一个道歉，还是完全由你决定。这里的关键是怨恨促使你意识到，位于你双耳之间的那个房间里发生了什么。）

通过这样的仪式，你会让自己的房间更宽敞，更自在地容纳对你有益的人、物和活动。时光流转，你会在头脑和内心中腾出空间来更充分地了解他们。

再看看你房间里的人员名单。谁一下子让你觉得是引擎？谁又是船锚？他们现在待在恰当的地方吗？你的引擎应该离你很近，你的船锚则不然。

掌握良性忽视艺术

认识到自己真正关注的是什么之后，你会得到更多你想要的。我们的好朋友马克·麦克戈说："如果你只关注问题本身，那你会成为问题方面的专家。但是，如果你关注解决方案，那你就会成为解决方案方面的专家。"

通过与你的门卫和门房协作，明确地关注你想要的事物而不是你不想要的，你将为自己制造运气和机会。只要你明确自己想要什么，它就会出现在你的生活里。等它出现了，你把它迎进房间，由于你不再关注那些你巴不得从未出现在你生命中的人，这些人会渐渐褪色、隐入远处的背景中。在房间的管理方法中，我们将此称为良性忽视。

将生活设定在这种新背景下，你就可以在精神和情感上将特定的群体从近处转移到远景处。那些曾经为你的人生带来麻烦的人和事，这下不过是远到几乎看不清的小点点。而真正令人生厌的那些人则会被放进密码箱、放上架子，因此你几乎不会想到他们。通过这种方法，你在更重要的近处，为自己真正想要的生活创造了空间。

良性忽视有多种形式。这个概念是指你做出的每一个将房间里的人（或与此人相关的活动）移入远处或轻轻置入密码箱而不伤害他们的决策。相应地，这样的决策让其他人离你更近了一点。换句话说，你正在给能为你的生活增添价值和欢乐的人与体验腾出空间。良性忽视通常并非有意为之：也许是没有很好地、有目的地管理你的房间里的副产品；也许是因为你没有花时间经营友谊，无意间让友谊变淡。但在其他情况下，良性忽视往往是有所希冀、循序渐进的——这是带着目的管理房间的直接结果。这可以算是一种深思熟虑的策略。以下示例用于说明如何实践良性忽视：

● 拒绝他人。（参阅第七章，了解如何在拒绝他人的同时，不至于听上去像个混蛋。）

● 不要和寻衅滋事的人走到一起。

● 提出建议，不需要每周都与某位同事开线下会议，可以调整为每两周开一次线上会议。

● 保留自己在某个组织的成员资格，但不再担任领导角色。

● 当朋友来电时，你可以和他交谈，但一个月只主动打给他一次。

● 主动选择不参加酒吧之夜或葡萄酒品鉴之夜，而是留在家里陪伴配偶或伴侣。

● 不要火速接听电话或回复电子邮件。

我们已经看到，良性忽视对被无视的对象也是有帮助的。如果"船锚"把你当作借口，抱怨问题却不做出改变，那么你现在就在拿掉这个借口。你是在发出邀约，邀请他们变得更加独立或是对自己的处境负起责任来。在某些情况下，良性忽视是你能为别人做的最好的事，譬如当你不愿再帮助某个瘾君子或不想继续纵容一个总希望你在其与兄弟姐妹的分歧中站在自己这边的成年人。

良性忽视在处理这些底线问题时是有效的，即使你是无意而为之。我们建议你在适当的时候，精心设计一个策略。它可以循序渐进地完成，这意味着你会随着时间的推移逐步采取良性忽视策略，而不必在一夜之间骤然施行。

无视那颗手榴弹

一位朋友分享了自己家庭中良性忽视的故事。

当众亲友相聚时，一位亲戚每次都会向人群投掷一颗言语手榴弹。她会有一些耸人听闻的发言，把活动搞得一团糟。在场成员愤而回应，进而场面升级。她破坏了一场又一场的家庭成员聚会。

对于家中的其他成员而言，那句"我们不欢迎你"几乎就挂在嘴边，但他们不愿说出口，因为毕竟她也是家人。最终，有人提议："我们还是得告诉她，这样下去不行。即使说出来不会有什么不同，我们也必须划清界限。更重要的是，我们必须改变我们的反应。"他们一致同意不会与手榴弹投弹者开战。

等到这位女士下一次来参加聚会并投掷出她的言语手榴弹时，每个人都转向她，说了句："哦，嗯，好吧。"然后继续他们的谈话。下一次聚会也同理：言语手榴弹扔出来之后，投掷者听到的只是句无聊的"哦，嗯，好吧"。以此类推，几次之后，她不再参加家庭晚餐和聚会活动。再之后，她就变得规规矩矩了。

这种改变得以发生，正是因为大家忽视了她不体面的行为，没有和她正面开战。这样的应对方式耗尽了她言语攻势中的所有能量。在这个故事中，良性忽视成功拆解了每一颗手榴弹。

密码箱仪式

我们邀请你设计一种仪式来象征将某人放入密码箱这一过程。当你断定某人属于那里时，在你的笔记本或你的交易破坏者名单上找到他的名字，然后像正在直接与他们交谈一样，通过完成这些句子思忖你需要把他们置入那里的原因：

● 因为＿＿＿＿＿＿＿＿＿＿＿＿＿＿＿＿＿，你现在要被放进密码箱 (或者凹室、又或者角落)。

● 过去，当你做＿＿＿＿＿＿＿＿＿＿＿＿＿＿那

件事时，我感觉_____。

● 我先前让你进入我的房间，那是因为_____

_____。

● 你走进房间之后，发生了_____

_____这样的好事。

● 放你进来也造成了_____

_____这样的恶果。

● 把你放在那里之后，我向自己保证_____

_____。

● 未来，如果有和你相似的人想要进入我的房间，
我会记住你给我带来的经验与教训。适用场景包括___

_____。

● 我想要为你送上的祝福是_____

_____。

　　你要深思熟虑，完成每个句子。不要为你的行为
找借口，也不要粉饰他们的行为。为他们可能给你的生
活带来的任何贡献表达感谢，哪怕这个贡献只是让你明
白了今后不能再放这样的人进来。

　　这个思考过程会让你在环步一圈之后，回到门卫
那里，进一步确保不可以批准其他类似的人或是经历
进入你的房间。你的密码箱、良性忽视、仪式感，以
及用于区分引擎和船锚的策略在这一点上是相通的：
拒绝一部分人或事，这样你就可以有更多的空间迎接

真正重要的人。这正是下一章的内容。但在那之前，先听听一位朋友的分享：为什么拒绝很难。

为何拒绝总是困难重重：琳内的故事

兰妮·提斯特是畅销书《金钱的灵魂：重塑你与金钱、生活的关系》（*The Soul of Money: Transforming Your Relationship with Money and Life*）的作者。

人们难以出言拒绝是有原因的。当我觉得精力过于分散、想做的事过多时，我一定会仔细检查是什么吸引我去做某个项目，并精心筛选这一事务的谎言与迷思。人们很容易对每个求助电话都应承下来，而且认定拒绝才是更麻烦的选择，但只有稳坐现实，我才能保证自己房间里的项目数量管理得过来。

我渐渐看清我们的生活境况，并将之称为稀缺谎言——一种植根于整个谎言网络的稀缺境况。诚然，谎言网络这个术语用得太重，但我的确想表达这个意思。据说19世纪的幽默作家乔希·比林斯说过："一个人若是傻瓜，并不因为他的无知，而是因为他所知晓的并不真实。"这就是谎言网络的本质。

有一种十分猖獗的无意识、未经审视的心态，这种心态会衍生不符合我们人性的行为。这种心态就是稀缺心态。这一点与你的思想是什么无关，而与你的思想从何处出发有关。就像是透过镜头或滤镜看世界，你看到的一切都会被无意识且未经审视的心态所改变，而你正是基于这点来思考的。因此，甚至在你冥思苦想、权衡利弊或打定主意之前，你的感知就已经被蒙上滤镜，认为万物稀缺，你必须攫取更多。

这种稀缺心态是一个彻头彻尾的陷阱。其中论述的情形与世界上有些人没有足够的食物、无法获得洁净的水源、没有足够的住房空间，以及从这个意义来看生活其他方面难以为继的现实迥然相异。我的人生中曾有相当一部分时间都在与这样的人共事。现在我所谈论的不是他们。我说的主要是发达国家的人们，在这些人中，无意识的、未经审视的心态导致异常迷乱的行为，以及无意识的、未经审视的稀缺迷信，其中还包含三个自带毒性的迷思。

第一个毒性迷思由两部分组成。第一部分是不够——金钱、精力、性、睡眠、工作日、休息日，全部不够。白天的时间不够，晚上的时间也不够。只剩这一种无情又无休无止的考量因素，即什么东西都不够。它已然成为凌虐我们生活的暴政。

第一个毒性迷思的第二部分是当前的资源并

不足以满足需求，总会有某人、某处被忽视、遗漏。这一点具有毁灭性，而且是致命的。这种迷思捏造了一个"我"与"他们"，赋予你做出远超合理所需的囤积行为的一个借口，仿佛只有这样做，你和你的人际圈子就不至于成为被忽视、遗漏的那部分。

早在我们人生中第一次参加生日派对、参与一场抢椅子游戏时，这个迷思就在潜移默化间传授给我们了。最开始，这种游戏看起来亲和无害——快乐的孩子们、爱意满满的父母——在前一两轮游戏中，有一把椅子被撤掉了，此时你不太会注意到有人被淘汰出局，因为你只关心自己如何抢得一把椅子。但当他们再拿走一把椅子、开始下一轮游戏，然后再拿走一把椅子，再开始下下一轮游戏，突然间，你会发现没有椅子的孩子已经比有椅子的孩子多了。毫无疑问，赢得比赛的孩子总是最具攻击性的那几个，只要有其他孩子阻碍他们抢椅子，都会被推开。

虽然这听起来像是一个天真无邪、规则简单的游戏，但它几乎就是一个针对我们所生活的世界的培训计划，身在其中，你几乎可以对任何人做任何事，以保障你不会被淘汰出局。现在，在一些真人秀节目中，这一点所占的比例被放大到大而无当的程度，那些节目模式相同——赢家通吃模式——每一集都有一个隐喻意义上的椅子被踢出去，总会有人被排除在外、淘汰出局。

第二个毒性迷思，与第一个一脉相承，即无论什么东西，都是越多越好——你的房子面积越大越好，船越多越好，飞机越多越好，这个越多越好，那个也越多越好。这一点并不是说拥有得更多毫无效用、无关紧要，只是说这种贪得无厌、执迷不悟地盲目索取是没有意义的，它有毒性，因其完全由无意识驱动。这种"多多益善"的心态被源源不断的信息流所驱动并增强。分析师告诉我们，我们每天至少会看到大约3000条广告（如果你是社交媒体重度使用者，还会看到更多），这些广告总在告知我们，已经有的东西，该买更多固着了，或者为了提升生活质量，该购入某样我们目前没有的商品。如果我们生活在市区，一天接触的类似消息可达上万条，让人完全难以抗拒。

　　第三个毒性迷思是当前现状就是这样的。这一条确实是最糟心的，因为它是人们辞职、放弃或感觉自己无能为力，即使付出努力也收效甚微的根源。它是失望气馁、心灰意冷，以及备受打击的根源。当你更看重外在的财富而非内在的财富时，就会发生这种状况。

　　兰妮的话提醒我们，想要房间里有更多人就像想要有更多财富或更高名望一样，这可能是由一种无意识但危险的心态驱动的——稀缺谎言。

稀缺谎言会将你毕生困于永无尽头的索求中，期盼着实现下一个愿望、满足下一个需求、承担下一个责任。在你的房间里，从生活中的角角落落，你可以避开这种心态，选择权在你。

7

The Liberating
Power of Saying No

开口拒绝
解放自我

　　多年前，有一位聪明的管理顾问如是告诉我们："想要从你必须完成的工作量着手管理，终究徒劳无功。这么下去会一直忙得不可开交。不如专注于管理你的工作产能。如果你清楚自己的极限在哪，一般来说工作量就不会这么大。"

　　爱因斯坦有一个理念与此相近。1921年，这位伟大的物理学家访问波士顿时，有人问他："声速是多少？"他回答说，自己并不在头脑中保存这样的信息，因为这种信息很容易就能从书本上找到。尽管头脑聪明得惊人，他也不会让不必要的信息塞满头脑。事实上，保持脑内信息简洁有序，更有助于他施展才华。

　　你的房间也是同理。尽管房间容纳了你准许进入的每个人，面积因而几乎无限大，但只有一些人可以凑近到足以与你互动。你建立有意义的人际关系的产能有限，因为你是人。

　　鉴于这一事实，你需要考虑，在有限的产能内，你会选择做些什么。

　　牛津大学心理学教授罗宾·邓巴经过计量指出，一个人可以同时维系的人际关系数量约为150。这一结论经受了长达三十年的审视，其间很多人会说："等一下，我认识的人比那多得多！"你房间里的人可远远不止150个，对吧？但罗宾给出的数字指的是有意义的人际关系的数量——在任何时候，同时和大约150人维系有意义的人际关系。你房间里的许多人是你很久之前的好朋友，但你已经好几年没有联系过他们了。（他们就在那儿，在房间里偏后的地方。读到这里，你可能会想起他们中的几个人。）你最近也可能交了新朋友，彼此相谈甚欢。这位新朋友就在你的身侧，也肯定属于你当前的150个朋友之一。我们想强调的是，你能真情实感投身其中的人际关系数量有限。等人们从震惊中缓过神来后，他们会认同，从纯数量的角度来看，这个观点其实是在理的。有意义的人际关系需要投入时间和注意力。作为人，你能付出的时间和注意力有限。即使你认识1000个人，也别忘了邓巴提出的那个数字。

在你对人、活动和责任爽快应承之前，先从时间层面估测一下你能够为某人投入的能量。如果你对所有向你提出"能占用你1分钟吗"的人都回答"是"，你就会1分钟都不剩了。要避免这种情况，就需要理解从减法中做加法的力量：通过拒绝某些事情，你会为你的内心和灵魂真正想要答应下来的事情创造更多空间。

当你学会拒绝某些人，也学会拒绝过往自作主张的期望时，你的生活仍然会很繁忙，但此时的繁忙会充溢你的生活，而不再逐渐流失，甚至是枯竭。

从隐喻层面上看，你还得学会判断人们想要给你什么。真正的悲剧并不是没有太多事可做；而是做事时没有全心全意地投入，也没能有意识地与自己的目标保持一致。这不是稀缺心态，只是建议你接受自己的时间和注意力有限这一事实，然后依据这一事实采取行动。

房间法则

有些人不认为拒绝也是答案的一种。在你放弃理论、咬饵上钩之前，我们倒是认为他们需要的可能是更长的答案。

你可以说："在我们再次讨论之前，有些事情你需要知道。我把我的人生想象成一个大房间，那个房间里住着所有对我有意义的人。我知道我同时只能与他们中的大约150人建立真正的人际关系——我只是在实话实说。你现在在我的房间里，未来也会一直在。但在这个房间里，我必须选择谁离我近、谁离我远。你应该知道，你比别人离我更远些。"

如果他们固执己见，你甚至可以告诉他们，这个房间里配备门卫，他们是经由门卫准许才进来的，再解释门房已经在试图让他们移步至远一些的地方了。如果他们仍然顽固——有些人的确不撞南墙不回头——你可以使用下面给出的拒绝方式之一。

在本书的一些故事素材中，人们讲述了他们是如何向他人解释他们的房间的。你也许会想重点阅读这些答案，并为己所用。

设定边界

在第4章中，你列出了一些自己不能接受的行为，这些信号指明某人是交易破坏者。一旦你确定某人是交易破坏者，你如何行动会决定你在管理房间方面的成败，对应的术语就叫设定边界。如果不及时应对，房间很容易就被交易破坏者挤得满满当当，即使那是你的房间，你仍会迷失其中。许多人没有意识到，他人也有局限性，如果你不坚持自己的立场，他们就会将他们的行为强加于你。

你如何设定边界？简而言之就是否定。

在每天要做1000次选择的生活中（并非文学夸张），拒绝是绕过所有吸引我们注意力的诱惑和陷阱的唯一方法。当你表达了拒绝，也许会从那些自以为可以拥有一切的人那里收获一段糟糕的说唱。如果你也总想兼得鱼与熊掌，我们会认为，你可能还没在真正充盈你的生活和终将让你的生命消耗殆尽的东西之间做出明智的选择。面对现实吧，说"不"会为你的生活腾出更多的空间去正确地说"是"。

当你通过说"不"设定边界时，你所启动的是一种名为"行为中断"的策略。行为中断始于沟通，而非对抗。清晰、开放、坦诚和直接的沟通几乎是解决任何问题的最佳方式。要做到这一点，你需要与当事人讨论当前的问题，并讲出当交易破坏者再次破坏交易时，你会做出什么反应。这会明示，你将中断任何你认为不合理的行为。如果此人随后越过你设置的边界，你就应该远离这个人了。

我们的朋友里克·萨皮奥过去每次拿起电话与母亲例行通话时都会五味杂陈，因为他母亲总是免不了张口就是一通刻薄刺耳的抱怨，几乎到了有些人会认定这就是言语攻击的程度。最后，他决定告诉他的母亲，他喜欢定期与她通话，但当她如此紧抓负面情绪不放时，他会感到不舒服。他说，从那时起，当她主动提起某种争议话题时，他会礼貌地让她知道，再这样下去他就要离场了。他会平静地道别，然后挂断电话。连续如此实行两三次之后，不愉快的通话几乎再也没有发生过。里克设定边界，然后坚守边界。

设定边界意味着对特定行为说"不"。你还没有把对方放进密码箱里（至少眼下还没）。你指出了那些会伤害你们之间关系的行为。如果你想把房间这个比喻包含在内，你可以说："如果你在我们的通话中抱怨个不停，我就不得不把你移到我房间里更远的地方，否则我对你的爱就会遭到排挤。"

不要指望人们会很快就感谢你设定边界。但如果你坚持原则，就会发生神奇的事情：所有他们一度花在做你无法接受的事情上的时间，现在可以投入更有意义的行为和谈话中了。当你拒绝，你就给了人们机会，让他们看到自己需要为行为付出什么样的代价。那个一贯抱怨的人可能会转而选择谈论自己为哪些事而感到幸福，也许只是一些简单的事情，比如最近在电视上看到的一场音乐会，或者计划明年为自家的花园做些什么。一旦你自己的边界明确，还可以通过向人们提问帮助他们找到各自的幸福。

管理已经在你房间的人可能没有你想象中的那么剑拔弩张。如果你稍稍考量一下应当如何应对不同类型的情况，就可以减少在措手不及或不经意的时刻让别人控制你房间的风险。当你能够用一种为你的生活增加价值的方式与你房间里的人打交道、不再制造障碍或压力时，你会发现自己正走在通往更充实生活的道路上。

提前想清楚这些状况会切切实实地帮到你。通常，人们在处理紧张的人际关系时，并没有真正考虑过自己的反应方式，他们给人的印象是冷嘲热讽、怒形于色或者漠不关心。有时他们会一下子就惊慌失措，交代门房把那个让人心烦的房客扔进密码箱，再放到架子上，随后忘掉这码事。当你还没考虑清楚状况就做出反应时，非常容易给人们留下这种印象。

你不必再让自己被闹剧牵绊，这可以是一次改变人生的经历。如果你带着信任完成这套流程，你会为自己的付出感到喜悦。我们猜想，你会时不时地回顾本章，提醒自己牢记拒绝的力量。

一位心理治疗师的建议

我们不鼓励你满腔怒气地与冲破你边界的人对质。心理治疗师与谈判专家会建议利用一种工具，将焦点从他们想要什么转移到你需要什么上。你只需要一个简单的公式："你这样做事，我那样感受。"

如果把这个公式用在里克与妈妈的例子中，就会写作"当你在电话里怨声连连时，我觉得你在把我当作心理治疗师，是收了费来听那些糟心事的"，或是"妈妈，每当你抱怨自己的生活时，我会觉得很沮丧，因为这就好像我和兄弟姐妹付出的所有努力总也不能让你在生活中心满意足。"

对于那些在晚上10点发工作邮件还希望你立即回复的

上司或是公司同事，你可以说："当你想要我在夜间回复并不紧急的邮件时，我很纠结，既想陪伴家人又想完成工作。这让人懊恼，而我最终对这两件事都感到厌恶，我会在明天早上回复你的邮件。"

门卫是你拒绝的前线

你的门卫可以在你人生的前线为你提供帮助。回到你的价值观列表，其中既有你当前的价值观，也有你理想的价值观。以你当前所知道的为基础，问自己一些探索性的问题。你会选择和那个伙伴做生意吗？你会试着与那个朋友建立更紧密的联系吗？甚至是，你会让那个邻居进门吗？通过一些自省，你可以学着在未来做出不同的选择。这种自省也是让你的看门人根据你的价值观守门的一部分训练。

那么，那些你想让他们稍后再进来的人呢？他们可能是你在工作场合的熟人，或者是你在一场派对上聊得很投机的人，还有那些向你要电话号码的人。也许对方和你有业务合作，所以你们有交集，但你还不清楚对方是交易成就者、交易破坏者，又或者仍在两者间徘徊。

作为BNI的创始人，伊万收到了很多这类邀请。尽管他不再负责日常事务的运营，但他仍会定期收到会员的联系邀约。关于这件事，他们可能也没有多想，但就是想要与创始人建立联系。而为了完成工作，伊万也有很多需要打交道的人，但是他并不想要这种人际关系上升到商业层面之上。你的生命中也有这样的人——你经常在上下班途中或在志愿者委员会里见到的人。他们可能是好人，但不属于你的房间。

发生这种情况时，伊万会让这个人暂时待在外面，但并不算断然拒绝。他们的确在门外，但还在门廊里。他的态度是"我不想让你进入我的房间，因为我对你还不够了解。我不想看到你进来之后直接被门房放上架子。现在，你应该在门廊等着"。

有一些简单的方法可以重新引导人们。如果他们请你帮忙，可以将他们介绍给资历更深或更有能力提供帮助的人。

说正确的"是"：斯蒂芬的故事

斯蒂芬·约瑟夫斯是一位高管教练、作家和顾问，他尤其对商业绩效、心理学和身心训练之间的交叉领域感兴趣。四十多年来，他每天都进行身心训练（比如太极拳、气功、合气道[1]、冥想）。他是一位出色的幽默作家、优秀的古典吉他手，同时还是人类精神的颂扬者。

1　合气道，一种源于日本的近代武术，偏向于技巧性控制，主要特点在于"以柔克刚""防守反击""借劲使力""不主动攻击"。——译者注

我的门卫是个星探。他想要寻找以未曾设想的方式迎接挑战和机遇的人。这些人需要乐于尝试新的思维方式，也许还有更重要的一点，就是提高他们的注意力。我想看到这种人才鱼贯而入，住满我的房间。当我培训这类管理人员时，他们会从我独一无二的讲授中获得最大收益，这会激发我们双方的最优潜能。

不选择所有出现的人，重点并不是对一部分人说"不"，而是对合适的人说"是"。

这就是我投入大量时间筛选潜在培训客户的原因。我提供无风险的课程，这让我可以深入了解他们。访问我网站的任何人都可以通过填写表格申请某项课程，但我不会自动接受每个人的申请。这种关心和注意力一直是我在工作中取得成功、获得快乐的秘诀。当我查看日历，看到我将与之交谈的客户的姓名时，我期待着其中的每一场对话。对我来说，那就是天堂。这些可是我对他们说了"是"的人。

拒绝别人，我并不忧虑。这可以是正确的事情。过去撞上朋友房间门口凶猛又无情的门卫时，我当然也吃过闭门羹。

20世纪80年代初期，我和妻子一直住在静修院，我们每天都在那里练习数小时的瑜伽和冥想。我也是一个研讨会的负责人，在行业里有个朋友叫大卫·戈登，那时我很敬爱他。大卫是一位出色的神经语言学编程培训师，但对我来说更重要的是，他懂得享受人生内在的欢喜。我们一起像笑傻了般笑了好几个小时。

有一天，我打电话给他，因为我有个完美无瑕的设想，我们可以一起开办一个工作坊。我问他这是不是他的菜。大卫说："我听到一个故事，需要先问问你。"他随后讲了一件和我的瑜伽老师有关的事，夏天时他曾在新墨西哥州的埃斯帕诺拉举办女性训练营。

我的一位密友在怀孕的前三个月参加了那个夏令营。当地海拔较高，瑜伽动作也较为激烈，她因此流产了。我的朋友希望其他女性能够从她痛苦的经历中有所收获：孕早期在那个海拔高度做昆达理尼瑜伽[1]存在巨大风险。她把自己的经历告诉了瑜伽修行班里的一名工作人员。这位修行者非但没有以同情怜悯待她，反而公开责备了她。当着一大群女性的面，他告诉她，她失去了孩子，那是因为她自己的自私和自负，与瑜伽无关。

大卫问我，这个故事是不是真的。我说是真

---

1 昆达理尼瑜伽（kundalini yoga），从动作上看大多身体姿势都集中在腹部、脊柱以及其他某些穴位。——译者注

的。然后他问我是否以任何方式支持过我的朋友。我答得稍显避重就轻。"事发时我不在场，"我说，"后来我努力和她合作了。""那你有没有为她挺身而出？"他继续问。我说："没有。"大卫说："那我不会和你一起出现在任何公共舞台上。"

大卫的宣告就像一支箭，刺穿我的心。同时，感觉却对了，我就这样告诉了他。挂断电话后，我对妻子爱丽丝说："给我个充分理由，说说我们为什么还在这里。"两周后，我们离开了生活了12年的迷信组织。

这样想：对一些人说"不"会让你在房间里留出空间，得以打开门对其他人说"是"，即正确的"是"。

无论门卫是在寻找人才还是抉择哪些人可以进入你的房间，一个好的门卫能让每个人都受益。当我们让门卫尽责履职时，我们终将生活在一个真真正正称得上是我们家的地方。

如何在拒绝的同时，不至于听起来像个混蛋（或者比混蛋更糟）

有人想进入你的房间，或者有人已经在房间里，现在想靠近你。而你在想："哦，别，我不想！"你可能很想大声说出来，但问题是，那样他们就会认为你是个混蛋（或者比混蛋更糟）。现在你们是对手，被困在你的房间里。也许他们会走开，也可能他们会施压让你大发慈悲。

除了直接回答"不，我不想"之外，还有另一种方法可以解决这个问题：制定一套回应方案。伊万喜欢说："外交是让别人如你所愿的艺术。"你要表明拒绝，也不需要过河拆桥。撂下一句："见鬼去吧！"而后会让你树敌无数，这可不是管理房间之道。

这里有一些新鲜出炉的拒绝方式，全都不会听起来像个混蛋：

⊙ 回答："不用了，谢谢。"

⊙ 告诉他们："如果我答应你，恐怕会让你失望。我希望你成功，而我没法像另一个人一样帮你这个忙。"

⊙ 如果你想让某人进入你的房间，但对方想要拎着大包小包进来，你可以让这个人把行李放在外面（这是设定边界的一个版本）。

⊙ 如果这个人已经在房间里（例如家庭成员），你可以为其行李命名并让门房将行李拿到外面。你的姐夫大概已经进了你的房间，但他的信用卡债务得止步于门廊。（我们会在第九章中详细介绍如何管理家庭成员。）

⊙ 如果每个人都可以使用你的时间，那么你的时间一定会被用完，分秒不剩。不仅是你自己没了时间，你房间里那些你所爱和值得你投入时间的人也深受影响。这是另一种产能问题，所以你要告诉对方："我帮助/倾听/等待的产能已经丝毫不剩了，你必须找一个有时间的人。"

● 学会向别人解释门卫的存在。比如你可以说："我绝不会挂断你的电话！这都是我的门卫干的！"然后——因为你尊重他们，要么仅仅因为你是一个好人——向他们解释这个房间理论。

● 回答："我会倾听你讲的。但讨论结束时，我给出的回应可能是否定的。"（当亲戚或朋友要钱时，我会用这一条。）

● 和对方说："如果我允许你进入我的房间，我会立即开始后悔此后得花多少时间和精力让我的门房把你请走。我们最好干脆别开始。"

● 和对方说："如果我允许你进入我的房间并靠近我，我就不得不把其他人推远些。对于那些可以建立互利、温暖和平等关系的人，我很认真地与他们保持亲近。现在，那些座席暂时没有空缺。"

● 和对方说："我明白你提供（或出售）的东西对你来说有价值，但对我来说价值不够。你误判了我的价值观和/或需求，你得找到其他与你志同道合的人。"

● 和对方说，"你的计划不周没有让我身陷险境。你不能进我的房间，但你可以把我这句评论打包带走。"

● 和对方说："在我的房间里，人们离得很近，彼此之间可能会传染一些习性。我担心你的愤怒/忧虑/习惯会传播开来，我不想让任何人，尤其是我自己被传染。"

● 最后，不要将事情"《宋飞正传》[1]化"。在电视剧《宋飞正传》中，人物会因一些疯狂而复杂的托词或诡计而大发雷霆，比起从一开始就坦诚相待，他们的处境反而更加麻烦重重。你可以彬彬有礼，但别忘了直白坦率。

慢速重读上述每一句话。其中许多内容会让你想起因为你的轻易同意得以进入你房间的情境和人。你当初的确没有拒绝，即使脑海里有个小小的声音在后方絮絮叨叨："这可不是个好主意。别忘了上次发生了什么。拜托了，想个办法拒绝吧！"

那个声音来自何处？那是你经验丰富的门房（和门卫）在告诉你，如果你能找个方法拒绝，终究对每个人来说都更好。否则，你迟早会转头告诉你的门房（和门卫），他（们）才是对的，有人得被放进密码箱里了。

当你决意拒绝，要坚持自己的立场，不要加剧事态的严重性。相反，你只需稍稍改写你的答案，这很适用于电子邮件。比如，你可以回复："谢谢，但我目前不打算为我的税务业务招揽新客户。"如果他们反复要

1　《宋飞正传》（*Seinfeld*），美国 20 世纪 90 年代备受推崇的情景喜剧。——译者注

求，你可以回复"我在两年前就不得不停止接收新客户了。再次感谢您的问询。您可以查看这份本地报税员名录"，并附上资源链接。

最后我们还有一个重要的建议：尽量不要因为说"不"而感到内疚。尽管我们喜欢尽可能多地说"是"，但有时候，说"是"的代价太大了。在这些情况下，平和地接纳自己拒绝的决定，同时认识到自己正在保护房间的入口。说"不"，然后继续前进，这才是正确的决定。

你权利的消耗

➡这个练习可以反复使用，我们建议你时不时地重做一遍，因为它总会让你产生新的见解。这样你的房间会时刻新鲜、保有活力，原因是你学会了拒绝那个总放错误的人进来的人——就是你自己。

当你了解得更透彻时会发现，在放错误的人进来的背后可能有一千个理由。也许你想从他们那里得到一些东西；也许他们和你有亲戚关系，你认为自己别无选择；也许你房间里有人在你没有发出邀约的情况下不请自来（不要让那个人擅自越过你的门卫）。

在你的笔记本中一页纸的顶部写下"当我心知肚明时，为什么还是让（某人）进来了"。

然后，在你列出他们所有可怕的行为以及对你和你房间的毒害之前，暂停一下，注意听，你的门房正轻声告诉你，这种事已经不是头一回发生了。你本以为让他们进来之后，你会收获一些财富？认同？感觉自己行善了？一笔可能的生意？帮了朋友一个忙？别停，继续写。愿意的话，你还可以将你的理由分为"得到的、想要的东西"（认同）和"躲避的、不想要的东西"（内疚）。

如果你能回想起一个先例——也就是门房正轻声告诉你的——事情的结果如何？后来一切进展顺利、正合你意，还是正好相反？你的门房最终把那个人和行李一路送到了房间的很后面。

这个练习的要点很简单：你给了其他人多少权利来决定你的幸福？为什么会这样做？我们常常借由依恋、义务、承诺和认定的责任少量多次地消耗权利。要想通过拒绝拿回权利，我们需要识别这些人际关系和人生时刻。

学着拒绝：莉比的故事

伊丽莎白·舍勒（昵称莉比）是来自明尼苏达州的艺术家。她发现，因为承担得太多，自己原本挥洒创意的翅膀正不堪重负。更糟的是，她意识到自己才是罪魁祸首。她不会拒绝别人。她需要采取行动。

在我设置门卫之前，我的房间就像急诊中心的候诊室，我似乎一直在承受远超负荷的紧急状况。问题在于，我习惯于说"是"，而学着说"不"又并不那么容易。现在我在不停"鉴伤分流"，试图使秩序恢复如初。

我是一个很棒的滋养师。棒得过头了，反而成了问题。我接纳了太多的人和项目，使得自己的工作遭殃了。我会在创造力方面忽而思如泉涌，但自己却因为过于忙碌而无暇聆听，更无法亲自感受创造力的迸发，也就无缘让它演化为原本可能面世的成果。

自从了解了门卫的概念，理解了房间神圣不可侵犯的原理后，我终于觉得我的生活已然朝着我梦寐以求的方向发展。我开始将那句"不，谢谢"送给比以往更多的项目，这让我得以专注于我真心热爱的人和项目。我的创造力重获活力，每个人都是赢家。

人们乐于向我寻求帮助，尤其是我的丈夫，我也喜欢为他付出。我同样喜欢为我的家人和社群成员提供帮助。同时，我还觉得有些事物应该由我经手后在这个世界上发生，我必须去做。我认定非得做这件事不可。

所以我必须练习区分机遇和干扰。我告诉自己，一次承接一个事项，而且要理解，只是因为我与一个人有关系，只是因为多年来我花了很长的时间与某个人在一起，这并不意味着那个人或者与其相关的项目就非得占据我一部分注意力。

现在，当人们向我发出邀请或是向我提供他们认定的机遇时，我会仔细倾听、辨别，然后告诉他们，我非常感谢他们一如既往地为我着想，我一定会确保他们知道我很感激。我让其中一部分人知道，他们可以待在我的房间里，但不能带着项目一起进来，如果想进到房间里，就必须非常安静。我只是在设定边界，这样我就可以拥有自己的时间，通过对我来说意义深远的项目表达我的热情。当我谢绝参与一个项目、会议或社交活动时，我会一直非常注重保持友善的态度。

最初，我担心一旦我的门卫、门房和我忙得不可开交，我就会开始觉得自己与他人不那么紧密联结了。我那时想着，如果我拒绝别人，我就会独自一人坐在房间里，孤零零地面对死一般的寂静。但我现在明白了，我做的是本就该做的事，而通过礼节周到地安排门卫就位，人们也可以理解这一点，并以某种方式感受我们之间的联结。他们不会因为我没有陪他们做某些活动而忧虑。

我刚刚和隔壁87岁的邻居伦纳德待了几个小时。我每周都和他一起玩纸牌游戏，今天他想再多玩一局，而我对他说："伦纳德，我现在真的得回家了。现在的光线正完美，我需要完成我正在画的画，但我们星期天还会再见。"他对此没有异议，在我说"好吧，好吧，就再来一局"之前。此前，在某种程度上，我相信自己这么做让他感到活力。现在我意识到，可能他独处时也挺好。

学会对干扰说"不"，意味着你可以腾出空间对最重要的那些机遇说"是"。即使只是拜访邻居这种有利于身心健康的活动，设定简单的限制也是你一天中任何时候都可以进行的一项自律训练。

8

Joys and Pitfalls of Your Room

房间里的
欢乐与隐患

多年来，我们观察到将"谁在你的房间里？"这个问题应用到自己生活中的人们，有着一些共同的经历。与任何技能一样，你需要不断地练习和重复，才能将此策略培养为自己的健康习惯。这需要时间。但是，如果你深入思考管理房间所带来的乐趣和陷阱，就会花费更少的时间。当提出这个问题会起到改变你人生的作用时，本章就是你人生中这些时刻或篇章主题的一个指南。

你会养成习惯去注意你什么时候想让别人进入你的房间，以及这种习惯来自何处。你会不由自主地想要做出积极的选择。当有人想进入你的生活（并由此进入你的房间）时，你并不会急于当场回答是或否，而是会先思考让他们进入你的房间意味着什么。你的门卫会变得更加警觉，并且能够辨别谁有权占用你的时间、生活和注意力。你的门房会昼警夕惕，留意你房间里的人在哪些时间点需要被温和、坚定地护送到更远的地方，甚至被放到架子上。

一提到习惯，我们就会想起奥格·曼狄诺的这句经典语录："我已将自由意志屈服于日积月累的习惯，而我过去的生活行为已划定了一条道路，它威胁着要束缚我的未来……因此，如果我必须成为习惯的奴隶，那就让我成为好习惯的奴隶吧。我的坏习惯必须改掉，新的犁沟必须为优质的种子做好准备。"

在第四章中，我们已经留意到交易破坏者可能格外令人难忘，因此我们先从他们开始讲，然后提到交易成就者。本章，在描述你房间的欢乐和陷阱时，我们会先从积极的观察结论开始说起。

欢乐

只要把更多积极乐观的人带到你的房间，你就能找到欢乐。他们充满爱心、鼓舞人心、才华横溢、成就卓著，或是可以作为其他方面的榜样。这包括那些精通某一领域的人——无论是演奏乐器、烹饪厨艺、撰写诗文，抑或是提出论证充足的观点——以及组织成员和项目赞助者。

精通

精通是一个如此引人注目又复杂难懂的主题，有关这个主题的书本可以填满一整个图书馆。我们对一些简单的公式很感兴趣，但并不信服，例如"练习某一技能10000小时，你就会精通它"。（如果这句话放之四海皆准的话，道格就会成为一个零差点球员[1]，但他不是。）精通来自天赋、意志、体能、心理、奉献、勤奋和妙不可言的优雅品质之间的相互作用。

心理学家米哈里·契克森米哈赖在他的巨著《心流：最优体验心理学》（*Flow: The Psychology of Optimal Experience*）中描述了一种不自觉地专注于某项活动的状态。你可以在玩耍的孩子、冠军运

1　在高尔夫球比赛中，零差点球员通常是指这位球员的高尔夫球水平非常高。——译者注

动员或者国际象棋大师身上看到这种状态。培养这种状态的人会努力让自己达到精通状态，即使他们可能不会用这个词语去加以描述。比如，说到玩，谁会比孩子更精通呢？

精通带来成就感与满足感。因为一个人想要在某个领域做出一番成绩需要很长时间，这就会激发出一种不断改进的渴望，且这种渴望是永不枯竭的。这种状态在成就卓著的人们中有许多不同的表现形式，我们最喜欢的名言之一是"我仍在学习中"。这句话通常被认为是米开朗琪罗的名言，但其他伟人也常挂在嘴边，比如美国拳击运动员穆罕默德·阿里。

法国洗衣房（严肃评论家认为它是美国排名前五的餐厅之一）的创始人托马斯·凯勒知道自己是一名优秀的主厨，但他告诉斯图尔特："如果你是一名优秀的主厨，并且你获得的食材要比我的更好，那么你将会成为比我更出色的主厨。"他的坦率言论改变了我们对他精通厨艺这件事的看法。凯勒是一位大师，他明白他为食客创造的舌尖体验是许多环节的总和。这种谦卑的态度驱使他在工作的每一个细节中都力求完美。

你的房间里有大师吗？当你欣赏他们的天赋和勤奋时，你是否会自动切换到比较模式，说出诸如"我永远不可能在公共场合如此高效地讲话""我这辈子都弹不出那样好的爵士吉他曲"，或"我根本没法培养出像她那样的金融天赋"。如果你的确这么做了，你就是在浪费他们宝贵的榜样资源。不要盲目比较，而应该学习、了解他们的天赋，尤其是他们对所爱工作所持有的态度。

我们无法告诉你，你要去喜欢什么活动，或者你是否应该去尝试掌握一些有挑战的技能。相反，我们敦促你想想你认识的极其擅长某事的人，并考虑如何借鉴他们的信念和他们的行为，将其运用到你喜欢做的事情上。警惕自己想要同他们比较或模仿他们的念头。因为你所要精通的事物几乎肯定与他们的专长有所不同。

要了解你与精通的关系，拿出你的笔记本，采访每一位你称其为大师的人。是的，我们邀请你与他们讨论这件事。

- 他们精通的领域是什么？
- 身为大师或者渐渐成长为大师，对他们来说意味着什么？
- 使他们走向精通的习惯是什么？（例如，每天都练习、学习。）
- 他们对精通的态度是什么，谦虚、自豪、迎接挑战、活力十足？
- 他们崇拜的大师有哪些？

导师和赞助者

导师是每个人房间中最重要的人之一。他们可能是你很久以前认识的老师、父母、教练、经理或帮助你在生活中取得进步的朋友。你通常在商务课程中听说过导师，比如一家律师事务所的高级合伙人，他挑选了几个有前途（或苦苦挣扎）的年轻助理（让他们在律师事务所里以非正式的方式继续他们的学习），然后向他们传授自己通过长期实践所获得的技能和感悟。

我们认识的一位退休的大学校长描述了她称之为赞助者的特殊商业或教育导师。赞助者不仅如导师一般提供建议和支持，而且还积极为你创造机会。在商业领域，他们会建议你参与那些超出你当前职责，甚至专业知识的项目，他们会说："即使这是一条陡峭的学习曲线，你也可以征服它。从现在起的一段时间内，你要接受自己在某件事上做得不好，而后很快就会越来越好。"在你的房间里，赞助者会主动靠近你，他们通过向他人提供自己的专业知识或影响力而保持活力。赞助者的角色非常适合在各行各业取得成功并希望回报社会年长者，因为他们在为他人的生活带来切实的改变。你一定会想让他们进入你的房间。

与你的老师和指导教授保持联系，他们可以是你的终身导师。我们认识一位杰出的经济学家，他花了好几个月的时间努力为他正在撰写的一篇论文求解一组复杂的偏微分方程。他在给年迈的数学教授写电子邮件时，顺便提到了自己在这个问题上的困惑。教授立即回信说："好吧，如果你尝试了幂级数展开术都还没算出来，我也不知道还能提些什么建议了。"当然，幂级数展开术正是解决问题的关键，这位经济学家得以发表论文且大获成功。

我们还发现，许多人都有虚拟导师，虽然不曾面对面见过彼此，但虚拟导师仍对他们产生了深远的影响。他们可能是哲学家、艺术家、音乐家或历史人物，如圣·奥古斯丁、莎士比亚或斯多葛学者。他们可能是像彼得·德鲁克这样的商业领袖，或者像马丁·路德·金或罗纳德·里根这样的社会或政治领袖。虚拟导师的存在彰显了一个事实，即我们的大部分经验都是主观的；即使没有真实的接触，你也可能通过他们对你和你信仰的影响与他们建立起情感层面的联系。

生活在几个世纪前的圣·奥古斯丁或斯多葛学者如何成为你的虚拟导师？如果你来主动地将他们的想法应用到你的生活中，那么没错，你的门卫已经将他们带入了你的房间。如果像他们这样的导师在你的脑海里——尤其如果他们已然对你产生了好的影响——他们就在你的房间里。有数百万人相信，一位或多位伟大的圣人、老师、智者和哲学家是他们房间里的一股强大力量。

爱丽丝·沃特斯不仅是烹饪大师，而且是重新思考美国人与食物、食物系统整体关系的大师。有一天，她提到了她的虚拟导师："他是一位已经过世的人，我从未见过他，但他写了一本关于食物和烹饪方法的书。在我整个烹饪生涯中，他的基本理念一直伴随着我。"相应地，沃特斯一直是我们许多最优秀、最具创新精神的主厨在现实中的导师，而且无疑会是数代主厨的虚拟导师。做关于导师的考量时，有一个小小的注意事项：你可能会过度依赖你尊敬和钦佩的人。你就会为他们以及你们之间的关系设置理想化的愿景，其实他们也是有缺陷和缺点的人，如果你不按照他们真实的样子去看待他们，你会对他们产生一种扭曲、失真的看法，使他们与你的距离缩短到本不合理的咫尺之近。

你有导师吗，或者你有过吗？如果有，列出他们的名字并回答以下问题：

● 哪些人是你的导师？
● 为什么当时选择允许对方进入你的房间？
● 你从他们那里得到了什么，又给出了什么？
● 你有没有感谢他们，或者告诉他们那些指导起到了什么作用？
● 如今他们在你房间的位置合适吗，还是说需要一些调整？
● 哪些人是你的虚拟导师？

你是某人的导师吗？他们也在你的房间里，所以他们也出现在你的指导关系的名单上。

房间法则

有导师，也就有反面导师——他们以身作则，教我们什么不能做。当道格举办管理工作坊活动时，他举行了一场比赛，让人们讲述他们最糟糕的老板的故事。当所有的故事被分享后，在场所有人可以投票选出谁拥有最糟糕的老板。人们举起手来，谈论那些贬低过他们、做出糟糕决定或雇用自己亲戚的老板，将一度辉煌的企业经营到破产的老板，将企业文化摧毁得干干净净还奖励自己很多额外好处的老板。我们猜你现在就能在你的笔记本上写出一个很精彩的坏老板的故事（请开始吧）。

作家兼技术专家凯文·凯利在他的博客"技术元素"中说得好："永远不要为你不想成为的人工作。"

反面导师有办法通过对比教给我们一些价值观（下一章会详细介绍）。他们也在你的房间里，但他们只属于架子上的密码箱。

一位朋友建议，当你列出你的反面导师时，你也可以给其中一些人贴上折磨者的标签——糟糕中的最糟。

忙碌

忙碌存在于快乐和陷阱之间的分界线上。你是否日理万机，总在加长自己对别人的义务待办事项清单？伊万在BNI聚会中指出，这是人们表述自己生活混乱的首要原因。他建议大家转变思维方式，以帮助人们清理精神空间。

"比如，我的生活很充实。"他建议道，这是一种完全不同的心态。如果你践行你的价值观并做你真正想做的事情，以及如果你正在练习本书提到的内容，你的生活将变得十分充实且有意义。从表面上看，你的生活是忙，很忙，忙个没完，但实际上，它完全是欢乐的。

陷阱

陷阱的字面定义是"地上的一个坑的表面被稍稍掩

饰"，这样动物在掉进去并被困住之前是看不到它的。要形容那些趁你毫无防备之时降低了你房间内生活质量的人与事，没有比陷阱更合适的词了。以下是我们最常观察到的情况。如果你遭遇了其中任何一种，你的门房就需要忙碌起来，重新排布你的房间了（你的门卫也需要多多留心）。

善意

我们希望你的心灵和大脑对你自己和房间里的每个人都充满善意。然而，善意可能会导致你做出错误的承诺。你可能很爱你的朋友，也很想要支持这位朋友。但如果这导致你借钱出去，许诺提供远超你能力范围的帮助，或者加入朋友的一些不良行为——比如八卦另一位朋友——你会后悔被善意带到房间中的这个处境。

噪声、闹剧和冲突

错误的人会让你的生活混乱到难以忍受。你是否有过这样的体验呢？如果你可以调低别人带入你房间的噪声音量，情况会好转吗？也许你害怕将他人拒之门外，即使你认为他们带来的混乱会多于帮助。或者当你想拦下你在门口遇到的有毒之人，总会感到害怕或尴尬，所以你让他们进入你的房间以避免冲突，随后他们就开始大规模地制造混乱。

你的房间是不是太拥挤？嘈杂不堪？闹剧不断？单调

无聊？住着愤怒的人？或者更糟的是——同时出现这些情况中的好几种？反过来说，你有没有在空旷的空间里感到过孤独？迷路了，手头却没有地图？急需友谊、建议或指导？

在BNI等专业机构中，我们发现这一点尤其突出，即进入机构中的某一组的人可以对该组是否成功产生重大影响。只要有一个错误的人，就可能造成灾难性的后果，破坏BNI团队旨在创造的积极动态。如果你身在这样一个群体，你就会明白它崩坏失能的速度可以有多快。

诱饵与调包

有一天，我们一位朋友正在做头发，她向理发师描述了这样的情况："我不明白。我和这个人约会了几个月，他考虑周到、体贴入微。那时他给我回电话，说他欣赏我最本真的样子，而且他总是又随和又有趣，然后我们就认真相处了。我们达成共识，不再同其他人约会。我们每个周末都在一起，我把他介绍给我的几个朋友。然后，短短几周的时间里，他就变成了一个纯粹的混蛋。他根本不打电话，只会突然露面。他的言语措辞和开的玩笑变得刻薄。他似乎认为我与他的关系天经地义。这到底是什么情况？"

理发师则总结得干净利落："姑娘啊，最初那几个月里，和你沟通的根本不是他，而是他的客服代表！"

玩诱饵、调包法的人以伪装形态进入你的房间。你可以给他们一个卸下伪装的机会，但如果客服代表这个形态很明显是个诱饵，而此人的本质是后续会调换掉的饵包，那么别无他法，他们的结局就是被锁进密码箱并被放上架子。

消极情绪

消极的人总在提醒你，一线光芒背后都有乌云[1]。如果你在工作中取得了很棒的绩效评估成绩，他们会说评估都是有暗箱操作的，或者说你很快就会被新的职责压垮。或者他们会谈起自己最近在绩效评估中遭遇的不公，又或者大骂经理们都是白痴——你懂的。

消极情绪可能是我们在房间里最常碰见的烦心事。你并不一定非得成为天真烂漫的乐观主义者，才能明白释放大量消极情绪是控制人际关系和主宰房间的一种方式。如果你发现自己经常力图与某人争论某件事的积极面，你可能要再考虑考虑他在你房间里的位置。

需要明确的是，我们谈论的不是那些因失去亲人而悲痛欲绝或正在同抑郁作斗争的人——他们应该得到同情和善意。我们谈论的是那些盼着最坏的情况发生或是在房间里将散布悲观情绪看作一种娱乐，还乐在其中的人。

有一种消极情绪的特殊情况会与你的房间相关——有

---

1 英语谚语"乌云背后总有一线光芒"（Every cloud has a silver lining），寓意黑暗中总有一线光明，常用来劝诫他人保持乐观。此句与其意思相反。——译者注

人会嘲笑或蔑视你拥有一个房间这一理念本身。我们很久以前就知道，对他们来说真正重要的是固执于一己之见。他们会说："你在说什么？整件事充其量是个比喻！"我们可以回答说："没错，就是比喻。但就像生活中的其他比喻一样，它可以私人订制，还大有裨益。"你可能会让对方想想在日常生活中使用的比喻，例如"这个教堂对我而言像家一样"，或者"我的团队赢了，我现在快活似神仙"。

消极情绪与真正的抑郁有一个共同点：这是一种不断吸引人们注意的心理状态。就像社交媒体（消极情绪在此蓬勃发展）一样，消极情绪通常对客观辩论不感兴趣。我们不建议你尝试说服所有人，让他们全都相信你的房间很有价值，这个判断取决于你。

社交媒体、新闻和观点

我们理解你想通过社交媒体与家人和朋友保持联系。因为我们也这样做，包括我们在内的许多人也必须使用社交媒体开展业务。但是当我们完成相关内容后，我们会转而继续做其他事情，而不是死循环几个小时。社交媒体有成瘾特性，通过有意为之的设计，让人们滚动浏览，就像其他成瘾事物一样：暂时令人愉悦，而后续需要不断加大剂量才能产生等量的愉悦感。

对于许多人来说，他们的社交媒体中的虚拟世界是他们房间中最混乱、人口最密集的区域。他们的许多激烈辩论都是同陌生人展开的。没有真实的人际关系，只有对假想敌或是想象中盟友的负面情绪。算法、机器人和头像，以及没完没了的广告都会引发情绪反应，收效显著地令用户相信他们正在与真人互动或完成有价值的活动。

你的房间里人头攒动，挤满了评论员、社交媒体人物、新闻人物和网络名人吗？他们是否在你的房间取决于你对他们投入了多少互动反应。这是虚拟关系的消极面：它们就像虚拟导师，可以无限消耗你的时间和注意力。这些关系不是真实的，但在能量最强时，它们可以激发伪装成人际关系的情绪。

对社交媒体、观点、新闻和名人八卦成瘾的治疗方案是意识与选择。我们建议对易成瘾事物进行微剂量处理，这意味着你要约束自己，控制住与它们接触的时间。有很多方法可以做到这一点，多到能写满一本书〔事实上也确实有这样的书，比如卡尔·纽波特的《一个没有电子邮件的世界》(*A World without Email*) 和亚当·奥尔特的《欲罢不能》(*Irresistible*)〕。

世界危机向我们阐明了这一点。在新冠流行初期伊万注意到，参与他线上研讨会的人们都陷入了一种世界走向末日、万物分崩离析的感觉。那是一段可怕的时光，但在保持安全和知情的前提下，伊万会建议人们对新闻进行微量化处理："不要坐在那里一连花好几个小时阅读相同的故事或收听同一主题的谈话，每个人的日常生活都被打乱了。要明白世间原本就会有不如意，要通过共情、善意和助人之心为世界带来希望。既然你不得不慢下来，那就慢下来，慢下来后你还可以旋转呀。在我们共渡难关的过程中，你仍可以为更美好的世界做出贡献。失去的不复返，而在悼念的同时，你可以行动起来创造下一个新常态。"

我们看到的关于新冠危机的最佳评论之一，来自美国公共卫生局局长维维克·穆尔蒂，他说："疫情也向我们展示了人类的坚韧程度以及改变的速度之快。"他提问：我们是否真的想回到2019年，又或是随着疫情的渐退，创造一种更好、更有意义、人际关系更紧密的生活？

顺势疗法：对付难缠亲友的万灵药

如果你说身边没有那种想让你将其束之高阁的亲友，我们可能会觉得你在撒谎——毕竟人们有时候甚至想在屋顶挖个洞，把那样的亲友扔到高高的房梁上，平素轻易不去触及。这些讨厌的人通常是我们深爱的家人或老友，我们并不想让他们完全离开我们的生活。我们希望留这种人际关系在房间里，但又希望能"小剂量地服用"。要是那些"小剂量服用，药效最好"的亲友真的以小剂量的状态出现就好了！

　　另一种看待小剂量的方法是顺势疗法剂量的概念。顺势疗法剂量是指你用最小的一滴药来治疗一个问题。个人成长运动的领军人物阿里尔·福特在一次采访中谈到了在应对房间里的人这方面顺势疗法的价值。福特建议你制定自己的指导方针，来与你爱的人打交道，这些人可能与你的价值观不一致，或者出于某些原因难以相处。这些指导方针将帮助你创建与他们互动的人际结构。

　　你的目标可能是注意到这些人并与他们有所联系，但仅限低频，时间也必须得短。这样，你们仍然保持着人际关系，但你不会"被闹剧或癫狂所感染"，这也是福特想提醒大家保持警惕的方面。

　　福特鼓励大家制定可以快速实现的指导方针，因为小的改变可以带来大的影响。例如，与其提前两个月给别人打电话，告诉他们你将在城里待一周，不如在你到之前给他们打个电话，问他们第二天是否有时间留出45分钟一起喝个茶。同样，当你那个情绪化的表妹给你打电话时，你要告诉她："真高兴接到你的电话！但我只有7分钟，咱们说快点。"你不必使用一模一样的词，理解其中的大意就好。用你自己的语言，这个技巧会更高效。

　　或者，如果你想和一些朋友或家人联系，那就安排在一个更大的聚会上，在那里你可以见到他们并与之交谈，而在这个特定时间内他们又不会是你唯一的焦点。节日聚会、家庭或班级聚会，抑或其他年度聚会都是维护人际关系却又不至于陷入闹剧的完美场合。

这种类型的人让人精疲力尽，所以最好认识到这一点，并做出相应的规划。换句话说，要有一个管理这些人的计划，这样他们就不会挤到你的房间前侧。

顺便说一句，我们也喜欢将顺势疗法的概念延伸到活动中。排第一的是社交媒体，另一个是对24/7[1]新闻周期的过度关注。你可以说服自己，你只是让自己了解当下的情况，但如果你察觉到自己每天看政治新闻、观点评论板块或体育新闻的时间长达3个小时，你可能需要把电脑或手机屏幕挪到房间的后面去。

注意危险信号

有一些暴露无遗的证据，你可以以这些线索识别出以下候选人：要锁进密码箱的给予无害的无视或需要顺势疗法的。以下是最常见的危险信号。

恣意改变目标规则

你房间里有些人总是不知足。就这一点而言，你

1　24/7 是"一天 24 小时，一星期 7 天"的缩写。——译者注

内化于自己脑海里的那些人，他们也在发声，并提出永远不会被满足的诉求。也许你有一个商业伙伴，这位伙伴不会细细品味刚刚到手的成功，而是立即转向下一个目标。他们在商界有一席之地，但当他们出手改变你的目标和规则时，你也会同意吗？

这个陷阱最明显的场景就是，有人在与你达成一致之后随意更改条款。金钱和时间是人们落入这个陷阱常见的要素。例如：一个朋友邀请你到一个委员会工作，他们保证你每月仅需在这项工作上投入 5 小时；然后你发现，你每月需要在这里工作 15~20 个小时。他们会说："可是你答应过我的！"这时候你必须回应："我承诺每月投入 5 个小时，那样我可以欢欣鼓舞地开展工作。但你现在要加长我的工作时间，这不能变更我在这件事上可以投入的产能。"

还有一种特殊的过度完美主义，我们称之为反向完美主义。在你达到一个目标后，某个声音会说："嗯，还不够好。"有时，这种冲动会驱使你将自己和一个不可能实现的理想进行比较，比如纠结于这类事实：你永远不可能成为像爱因斯坦那样优秀的物理学家，不可能成为像乔布斯那样杰出的企业家，也不可能像你最喜欢的公众人物那样赫赫有名。当你听到这个声音时，把它写下来，然后问自己：我这是在改变自己的目标吗？此外，是房间里的谁教你这么做的？

趋于极端

你房间里还有一个精心伪装的陷阱，那就是极端思维。如果你说："够了——我再也不会让别人进我的房间了！"或者反过来说："任何像（某人）这样的人，我的房间都永远欢迎，我们肯定会成为密友！"你最终将犯个大错。你会因为某些人看起来没问题而让他们进来，或者因为他们看起来不合适而把他们拒之门外，而不是在充分了解之后做出合理的决定。

你会犯错误，因为你是人。这就是为什么你需要一个门卫和一个门房来纠正你的错误。即便如此，在放某人进来或允许他们靠近之前，你就可以判断出一些极端行为的形式。下面是一些事例：

那些说"你总是……"或"你从来没有……"的人——这些人想要把你的行为简化成你的卡通人物版本。BB鸟总是能逃脱，歪心狼从来没有抓到过。[1]而在现实生活中，"绝对"和"从未"是非常罕见的。

容易灾难化的人——这些人表现得好像每一次挫折都是一场灾难，或者把每一个错误都扩大到危及生命的程度。我们同情这些人，他们通常因为过去的创伤

---

[1] 《BB鸟与歪心狼》（*Fast and Funny-ous*）是华纳公司出品的动画片，主要讲述一只狡猾的歪心狼一心想要吃掉机智的BB鸟，BB鸟总是成功逃脱的故事。——译者注

而迷失自己，分不清主次。例如，一个在父母虐待子女的环境中长大的人可能会觉得每一次意见不合都等于挨打。在贫困中长大的人可能会有一种夸大的、远超现实的、迫在眉睫的财务破产危机感。温柔地对待他们，让他们知道，为了健康的人际关系，他们需要辨别和区分微不足道的小麻烦和真正的大难临头。

倾向于将困难最小化的人——这些人与倾向于将困难最大化的人截然相反。他们认为世间的困难只要是发生在别人身上，就没什么大不了的。他们经常说："只要你……就都……"，比如："只要你换个工作，一切就都会好起来的。"可生活的大部分事情比这复杂得多。要警惕你自己的心思采纳了他们这种最小化策略，你的门房可能需要针对他们过度简略的提案设定边界。

这些模式和其他某些非黑即白、没有折中余地、孤注一掷的极端形式可以激励到一些人（我想到了奥运会运动员）。我们不质疑他们在理性的另一端经营自己生活的权利，但他们没有权利把自己的个人标准强加给你，或者强行带入你的房间。

不要空等说出真相：乔安妮的故事第二部分

斯图尔特的妻子乔安妮·埃默里分享了一个关

于对家人说出实情的故事。

我还小的时候，会坐在爸爸的腿上看书。当我犯错时，他会骂我蠢。有一次，他甚至把我扔到房间的另一头。这伤透了我的心，让我一下懵住了。作为一个孩子，我尽我所能地当一个好女儿，确保每个人都喜欢我：说正确的话，做正确的事。但我是在付出代价后才做到这一切的。

大约20年后，我已做了很多"谁在你的房间里？"的功课，再次回到科罗拉多去看望父母。父亲问我要不要去徒步，我对斯图尔特说："我不能和爸爸一起徒步。我和他无话可说，体验会很糟糕。"但斯图尔特说："你能做的最糟糕的事情就是不和他说话。"

于是我和爸爸去徒步旅行。我找了个机会主动问他："我能和你谈谈吗？"他答应了。我描述了他在我小时候的所作所为，补充说："那让我很受伤，伤得难以置信。当时你对待我的方式，就好像我毫无价值，我那时真是大受打击。"

他看着我说："乔安妮，实在抱歉。我绝不会故意做任何伤害你的事。我那个时候之所以那么做，是因为我只知道那种教育方式，因为我父亲就是用这种方式和我相处的。"

那次谈话对我和父亲的关系产生了很大的影响，我和父亲之间关系的愈合过程由此开启。从前，我一进门，他就会出门，而现在他会跟我说"我爱你"，而我们每次通电话都会说"你什么时候过来"和"请别急着离开"。对我来说，这是与父亲相处的全新体验的开始。

我意识到，如果自己早点说出来，那次谈话再早个几年，很多徒然的痛苦和折磨本可以避免。不过我也意识到，那时也还不晚，在那次谈话之后，我们享受了很多年的欢乐，也因此多了很多笑声。

欢乐和陷阱的时间轴

如果你对这些欢乐和陷阱产生了共鸣，就花点时间把它们列出来，并写下它们是如何影响你房间品质的。我们建议这次用另一种形式来写这个列表——时间轴。在一页纸的左边按降序写下你的年龄，一直写到童年。你可以用"学年"和"第一份工作"这样的标签给它们分组，或者列出每一个年份。在这些年份的旁边，写下"欢乐"或者"陷阱"，又或者把两者都写上，并用一两句话谈谈发生了什么，为什么会发生这些事。写的时候，你会发现一些模式：你让哪些人进入你的房间，随后产生了积极或消极的影响。他们是如何影响你的？这些人可能是你的老师、父母、兄弟姐妹、你的初恋对象或伴侣、权威人物，或者对你的身心健康、幸福生活有影响的老板。这么做的重点是看看你是如何内化他人的行为、信念和态度的——也就是每个在你房间里的人是如何持久地影响着你的。

表2提供了一个简短示例。

表2时间轴示例		
年份	欢乐	教会
大学	雷诺教授：启发我热爱音乐的导师	过度参与女学生联谊会
	探索了爵士乐；和德里克、坦佩、比尔以及奇克合作	接受了肖恩刻薄的评判
第一份工作	挣得了薪水——有独立的感觉	迎合、讨好其他人 (时常)
		和同事发生了太多闹剧
搬到芝加哥	离家很远——更加独立自主	冲动地选择了一个不合适的室友
	交到了像阿曼达这样的朋友	决定搬走，但推迟了太久

你可以待在我的房间，但你的项目不行：斯图尔特的故事

斯图尔特讲述了这样一个故事：带着同理心回

应朋友的要求，同时也不忘设置一些限制。结果皆大欢喜，这让他颇为惊喜。

梅丽莎是我的好朋友。事实上，如果琼和我有幸养育一个女儿，而她就像梅丽莎那样，我会激动不已。但是现在有一个问题，梅丽莎想说服我和她一起创业。

梅丽莎是一位才能出众的高管教练。她确实特别优秀，指导过全球众多知名咨询公司的高级从业人员。她观察到，许多人无忧无虑地穿行于人生旅途，却不知道别人与自己共事的体验如何。她认为，如果人们想要在人生的旅途中获得持久的成功和幸福，应该从涵盖自我意识的起点出发。她构想了一个以互联网为基础的业务，提供契机让大众了解在相识多年的熟人心中描绘出的自己是怎样的性格肖像。

我用过很多温和的方式表示我不能参与其中。第一个方法是简单直白地表达，我早就过了开启一个新的初创项目的年龄。梅丽莎作为一个杰出的教练，指出我的事业有一部分正是建立在帮助人们重塑自我的基础上，让他们知道什么时候都不晚，因此我还是可以和她一起创业的。其他几种婉拒的策略也没有好到哪里去。然后我听说了房间这个概念，随后给梅丽莎发短信邀请她一起喝咖啡。

　　我们约在了皮爷咖啡见面。我点了一杯双倍意式浓缩咖啡和葡萄干司康饼；梅丽莎点了有机花草茶。我向她介绍了自己如何理解门卫这个概念，以及"谁在你的房间里？"这个问题。然后我展开讲了当时自认为会是最精彩的部分，我告诉她，我像爱女儿一样爱她，她会一直一直待在我的房间里。但她的创业项目并不在我的房间里，未来也不会在。梅丽莎开始哭了起来——虽然她哭泣的声音不大，至少不至于让其他顾客转过头来看，但毫无疑问，足以吸引我全部的注意。

　　作为一个男人，我终于明白，接下来无论我想说什么来弥补，都注定徒劳无功。显然，我所认为的精彩绝伦的段落也只是我的一己之见，所以我尽最大可能让进程搁置了，看看接下来会发生什么。没想到等来的竟然是一个惊喜。

透过最轻柔的泪水和最甜蜜的微笑，梅丽莎向我解释说，重点其实从来都不是什么创业项目，她想要的只是作为一个亲密的朋友待在我的房间里。而她过去一直认为，如果她没有举着一个创业项目敲门，就永远不会被我邀请。

我可太喜欢大团圆的结局了。我同时也明白了，我的门卫需要进阶训练，才能更好地理解人们来敲我房门时真正想要的是什么。

你的门卫、门房和房间里所有的存在都需要时不时地改进和调整。记住，房间布置是量身定做的，就像你穿的衣服一样，有时它需要你放宽一点或收紧一点。生命是短暂的，一生中又有那么多鲜活的瞬间，所以专注于你的价值观也与你能在多大程度上享受和品味生活息息相关。

9

When Bad Things Happen in Good Rooms

好房间里
发生的坏事

生活并不是完美的。你大概已经注意到了这一点。人们一旦进入你的房间，就永远不会真正离开了，认识到这一点可能会令人感到不安。那我们该如何处理所有与我们价值观不一致或我们一度误判的人呢？一些待在你房间的人可能已经变得很糟糕了。让我们面对现实吧：家人呢？老朋友呢？我们如何与他们打交道？当你读完这本书后，那些问题可能已在你思绪中浮现出来了。

你不得不驯服你房间里的这头大象，因为即使当你认为人们已经远离你的生活，其实他们仍留在你的脑海里，你需要针对那些很难相处的人制定策略。我们建议你的门房护送他们到密码箱，再把他们放到架子上。然而，我们知道，即使你喜欢这个主意，你的生活中仍然会有一些人说："是的，但是……"但是我会在假期看到他们；但是她是我的老板；但是我欠他钱；但是那个人是我兄弟的伴侣，而我爱我的兄弟；但是无论他有多么讨人嫌，他都是我的兄弟。诸如此类。

本章讲的是外部效应——那些在你想把他们拒之门外前进入你房间的人，那些为了利用某种联系、正试图强行闯入你房间的人。如果你对处理他们中的任何一个人感到犹豫，这其实都是正常的。但当你更清楚谁在你的房间里时，你就会更努力地把有害的人赶走，使有益的人靠近。

从你的家庭开始

有些人有幸拥有完美的家庭。他们与家庭成员之间不存在挑战，更没有冲突，而且每个人从少年时代直到年老之时都相处得很融洽。

是啊，我们也不认识任何一个那样的家庭。

对于我们来说，家庭成员是我们房间中的第一批人。我们所说的家庭是各种各样的家庭——原生家庭、领养家庭和含有远亲的大家庭；在山上寺庙长大的孩子有的来自僧侣家庭或尼姑家庭；而作为业余艺术爱好者的亿万富翁排行中间的孩子，多半会有继兄弟姐妹构成的家庭。无论以何种形式，这些人都是我们房间里第一批出现的人，他们对于自己的位置有习惯上的要求。

尽管他们有进入你房间的特权，但你可以决定他们的位置——近一点，远一点，或在密码箱里，或安置在架子上。你还可以决定他们做的选择如何影响你们的关系。"你可以选择自己的朋友，也可以选择自己的伴侣，但你不能选择自己的家人"，这句话需要向外延伸。其实你也不能选择伴侣的家庭，但是你可以决定他们属于哪里，具体又是在什么情况下。

在家庭中，界限是一个爆发点，因为在这里，你面对一群往往带着相同的期望长大的人，任何改变了这些期望的人都可能会也终将受到挑战。你有给分歧留空间吗？你知道如何设定和你幼年时学到的边界不一样的边界吗？

根据心理学上的家庭系统理论，个人被看作是情感需求、期望值、忠诚度、信仰体系（文化和宗教）、共同的历史和各式各样的联盟（我们在这里做了简化）构成的一个具有复杂系统的参与者。当系统成员在成年前和成年后让自己显现得与众不同时，其他人会有一些反应。有时他们会让自己熟悉的状态绵延永续。比如，当一个经年累月在危机中延续的家庭看到有成员离开这场闹剧时，会做出反应升级或引爆危机。

如果你觉得一个家庭成员在你的房间里离你太近了，而后你对这个人的行为设定了边界，不要期待他马上做出改变，也不要期待这个人会认同你的观点。无论他的回应是什么，你都要考量他们是否因为你正在进行干扰，而开始努力维护这个你曾经共同参与的系统。你也应考量，通过管理你的房间，你正在将自己与之前的老板、管理员、调解人、失败者、爸爸最喜欢的孩子这些标签或者任何过去贴在你身上的标签划清界限。

家庭成员如何知道你的按钮在哪里以及如何按动呢？很简单——他们很久以前就安装好了这些按钮。你被分配了一个角色，你要么与这个角色合作，要么做出反应来发起对抗。家人们创造了一种共享叙事，希冀成员们各就各位地留在自己的角色里，把自己投入家庭现状的人为了把每个人都留在他们的角色位置上而按下了这些按钮。你必须警惕这些按钮，不管它们是对愧疚、不忠还是其他什么的指控。无论其他人有多努力，你都应该通过设定限制的过程，步履更加坚定地前行。

这就是处理房间事务中痛苦的部分：你意识到你需要改变你房间里某些人的位置，接着就是一段困难重重的过渡期，而当成员们终于被放到正确的位置时，你又会有一种如释重负、超然解脱的感觉。有着长期忠诚传统和相关问题的家庭会使这段过渡期显得尤其艰苦卓绝。

如果在努力贴近这一时刻的过程中，你的心绪是为了自己和所爱之人，想使生活变得更好，这就不会是一场大战。你可以解释此处房间的概念并描述你已经取得的进展，让你更平易近人，也更真诚实在。你可以分享自己的难处，如何通过重新整理房间来打破这个家庭系统。真挚地讲出这些是好的："我爱你，我永远会是你的兄弟/姐妹/儿子/女儿，等等。"我需要做这些来分一部分自己的时间给你，即使只是少量的。

和你房间里的家庭成员共事也不总是一件消极的事情。我们鼓励你想想谁应该离你更近一点，而为什么他们现在离你还不算近。现在，你可能在想那位你每年只通一次电话的姐姐，因为她年纪比你大得多，而且自从她上了大学后，你们就没有再在同一个州住过。如果在你的房间里，她离你比现在近些，你就会有改变懒惰习性的动力，并且更加频繁地联系。你可能会找到对她的伴侣或孩子表现兴趣的机会；当你有意拉近与某人的距离时，你可能也会对改善人生状态、改善人际关系持开放态度。

当你想象到你为了改善你的家庭关系可能会采取的行动时，你有没有一种恐惧感？你现在有没有念叨着："哦！

我可不能谈那个！"我们有好消息——你房间的工作是一生的事业！不要指望这种立竿见影的变化发生在自己或别人身上。如果你和你的门房在爱的道路上前行——为了你的家庭和自己——新的机遇总会出现。

你的房间不是电影剧本，剧本通常在两个小时剧情结束时，会把每个松散的部分都绑在一起。如果你想拉近与一名家庭成员的距离，可以尝试通过一个小举动改变你们的关系。如果你想从小事开始，我们建议但不强制你描述"谁在你的房间里？"这个理念框架。也许你可以邀请那个在远方的姐姐参加虚拟咖啡聊天或者虚拟鸡尾酒会，花上一小时，只用来听她讲话。也许他们的孩子和你的孩子，从未见过面的表兄弟或是表姐妹，在来年夏天可以找个机会见见对方，即使只是拿起电话问问"你过得好吗？"也是一个不错的开始。

这种爱的行为是设定边界的正向对立面。让我们称其为创造空间让对方接近一点，只要对方愿意。

房间法则

有时候，家庭体系会使用一种常见机制来保护系统：三角测量术。当 A 与 B 之间出现问题时，他们不会直接处理问题，而是把 C 拖入局。你可以在诸如此类的交流中看到这一点："嘿，你比我更亲近约翰尼。你可以跟他谈谈他喝酒的事情吗？""妈妈在钱的事上从来不公平，尤其是对我，但别告诉她我这么说了"，以及"为什么玛丽安对我的伴侣有这么大敌意"。

三角测量术是给那些因为不舒服、害怕或为了维持外表体面而不想直面关系中问题的人使用的工具。它收效甚微，并且通常会引起C的不满，哪怕他是真心想帮忙。

你需要设定在三角测量方面的边界很容易：不要参与三角测量。相反，告诉问你的人们，他们需要直接和第三方打交道。如果情况还不至于冒犯你的边界，你可以主动提出，在他们两人直接沟通时，你也入场参与，但你的入场视角必须不偏不倚。

有时，当一个人观察到两个家庭成员有矛盾时会主动提供帮助，因为这个人擅长以一种公正的方式把人们凝聚在一起。这是调解，不是三角测量术。但如果问题很严重，还需要找一个无关家庭闹剧的人——心理治疗师、财务顾问或专业医生——帮助解决这个问题。

前妻学会统管她的房间

一个人可能已经习惯了自己的家庭系统，以至于根本注意不到外面每时每刻都在发生什么。一位好友描述了他的前妻是如何认识到有一个有毒的家庭伴随着哪些代价，以及当她采取行动时发生了什么。

我们离婚后，我的前妻住在东北部。她很痛苦，一部分原因是她的房间里待着她不需要的人。她的父母对待家庭问题很不理智，并且对她很不好。她的痛苦使他们开心，或者说至少他们认为自己是快乐的。而她的妹妹的表现和我认知里的精神病患者的表现差不多。

有一天，我和女儿从北部的家庭聚会回来。我的女儿和儿子都已经搬去得克萨斯州上学了。女儿安静了很长一段时间，然后这样讲："爸爸，我知道自己也就二十来岁，但我的确从没见过像艾琳姨妈那样的人。她身上没有任何可取之处啊。

当一个二十岁的年轻人用这样的口吻描述状况时，你实在是没法无动于衷。我打给了我的前妻（我和她仍保持着很不错的友谊）并告诉她："你的房间里有三个人令你感到非常痛苦。他们在你的房间里扎根非常之深，离你很近，且还在破坏你的生活。他们的身份是妈妈、爸爸和妹妹艾琳。"然后我向她解释了房间、门卫、门房还有密码箱的概念。

过了一阵，我的前妻搬到了得克萨斯州，靠近那些尽管不完美但仍属于她房间的人——我们的女儿和儿子。大约一年后，她帮助我们的女儿搬到了一个新的地方。有一周时间，她们彼此陪伴，度过了一段快乐的时光。我的女儿很惊讶，她说："爸爸，一周的时间里，我都和妈妈待在一起，她并没有像以前频频发生的那样让我崩溃啊。"我说："宝贝，那是有原因的。"我给她解释了房间的概念。我说："你的母亲现在拥有了她在北部生活时不曾拥有过的幸福基准线，这给她留了空间去体会不同的感受，采取不同的行动。她的头脑很清晰，房间氛围也积极向上，因为所有有毒的人都待在他们该待的位置。因此，她可以在房间里体验丰富的活动，不用苦苦渴望人们积极的互动。她重新布置了她的房间，适合亲近的人们现在在近处，而其他人则待在远处。"

我这位好友的前妻的行为对应着一个表达：地理治疗。如果你是在逃避自己，这个办法是行不通的，但当接近某些人会使你感到痛苦时，这个方法就能为你提供帮助了。我们不建议像上演戏剧般，一步十几万里，但有的时候确实需要这么做。

我房间里的魂灵：道格的故事

即使人们已不在这个世上了，他们仍在你的房间里。道格分享了自己如何继续与那些早已逝去的人保持关系。

每当走进大教堂，我都会去入口附近投一枚硬币到捐献箱里，再点上一根蜡烛。我缓慢地为我房间里那些已经逝去的人念几句祷词。

我不是一个天主教徒，对教堂也绝无不敬之意，我也不是在逃避自己关于宇宙的赌注。相反，我很感激欧洲所有宏大教堂里的特别布置以及其他很多教堂提供的机会。这提醒了我，我被真实或想象的魂灵所围绕。我不必确认这些魂灵的存在，也同样能明白经年累月间他们一直在我的生活里存在着，因而也就在我的房间里存在着。

我借此机会提醒自己，即使有些人已经不在了，但他们仍存在于我房间里的某个地方，我也会定期地在家里实践这些惯例。我点亮一根蜡烛，感谢某些人送我的礼物。对于我对他们犯下的错，我请求对方原谅，也告诉他们我原谅他们过往的错误。我会说，我爱他们，我还会说，现在我让他们自由徜徉。但只要我还在这个世界上，他们就会在我的房间里。

还有我很久以前的女朋友琼，在我们分手后她清醒了，在一家专门服务残障群体的出版社找了一份工作，但后来不幸罹患癌症，英年早逝。还有JD——我婚礼上的伴郎，也是你能想象到的最真诚的朋友。某一天早晨，他在去机场的路上倒下了，再也没有醒过来。我的父亲，他是我的榜样和英雄，在他的躯体远还没有认输之前，他的意识就迷失在了阿尔茨海默病里。还有我的母亲，她幽默风趣，富有智慧，和我的父亲一样，"二战"时在美国陆军战队服役。我有时会引用迪伦·托马斯[1]的措辞，称他们为"已然离世的挚爱"。

他们在我房间里的远近程度取决于我们曾经和现在的关系，因为他们曾给我的生活带来积极的影响。我母亲最好的朋友路易斯是20世纪50年代一位非常成功的女商人（这在当时是非常罕见的），她教导我："一旦你想顾影自怜，就去帮助别人！"我从前的老板杰克是一位粗暴的杂志编辑，他至少教了我十几种丰富多彩的表达方式，我甚至现在还在使用它们（我最喜欢的一句是"那个男人比嚼烟草的狗腿子还坚强"）。我教会的朋友吉恩每年都会在年会上宣布"如果你是这个社群的一员，你必须增加你投入的时间、才能和财富"。

我有一个门房，他把灵魂放在我的房间里，离我有点远，不在我最核心的圈子里，但当我需要借鉴思维方式时，门房就会靠近。门房奉上自己所过的生活供我参考，并提醒我，就算我只剩下一口气，也必须充分利用。

---

1 迪伦·托马斯（Dylam Thomas，1914—1953），威尔士诗人。广为流传的《不要温和地走进那个良宵》即是其诗作。——译者注

春季大扫除

你的房间需要定期打扫和消毒。这意味着除了人们带来的一些有毒废物：债务、相互冲突的价值观和态度，尤其是那些他们决定搁在这儿的包袱。他们可能自己身处架子上的密码箱内，但是身后的脚印处却留下了一大堆烂摊子。

一条不变的自然法则是，一切都在变化并且在持续运动中。宇宙学家可以解释这方面的原理，但是我们更喜欢这样一个简单的例子：每一个建筑从建成那刻起就开始分崩离析。炉子里的火迟早会熄灭，或者房顶迟早得换，又或者地基迟早会开裂。那只是建筑物固有的本质。你的房间也在不断发生变化，遵循着惯性和重力法则，但是，隐喻上也是如此。那意味着你的门卫和门房永远不能退休，他们得随时准备抉择这个人能不能进入你的房间，进来后又该去哪里。

从青少年时代到现在，你的房间就已经变化了许多。诚然，你的门卫让许多人进来，这些年过去，这些人离你越来越近或越来越远。改变是不可避免的。你不能阻挡这个过程，但你可以有意识地引导它。这就是我们说你的房间要定期清理的意义。

我们写了很多关于家庭的内容，因为他们对你的生活有巨大的影响。这里是三个人让好的房间里发生坏事的例子：

● 坏老板——我们之前提到的反面导师值得再说一遍，实话实说，因为我们都曾遇到过。许多人只是无能、无知，或者两者兼有，就如动画片《呆伯特》(Dilbert)中的老板。有些人则非常恶毒，表露出他们非常痴迷的东西——金钱、权利，一路往前冲——不管途中伤害了谁。有些人只是在工作场合重演他们的家庭系统。作家乔·平斯克观察发现，当公司表示"我们在这里就像家人一样"时，潜台词可能是："我们会把义务强加给你，期待你无条件奉献，我们不会尊重你的边界，如果你把其他事的优先级排得高于我们，就别怪我们刻薄恶毒。"

● 虚伪的人——有些人假装友好或假意表现出兴趣，但很快你会发现他们唯一的兴趣就是利用你的人际关系向你推销东西或让你参与他们的事业。商业和网络团体以及在线平台经常被这些人滥用——这就是为什么伊万在创立BNI时也同时规定了协议，防止他们渗透到团体中，同时也让他们远离真心实意的会员的房间。

● 有毒的邻居——这是一个很难处理的问题，因为他们在物理距离上离你很近，除非他们违反法律，否则你几乎无能为力。我们中的一个人多年来一直尝试着与一个有毒的邻居打交道，最终还是建造了一个高高的围栏。邻居虽没有改变，但将他们移动到房间里很远的地方还是可以改善你的处境的。

你还可以想想特别专属于你房间的其他内容。你可以再次回顾自己在第三章中列出的房间里的人员列表，提醒自己他们的存在，并告诫你的门房如何处理他们。

希腊古典时代的斯多葛学者睿智地探讨了生活的困难，将他们的一个关键见解高度简化，就是说重要的不是发生在你身上的事情，而是你对这些事情的看法。外部事物不受你的控制，但你对它们的反应会让你自己深陷绝望或觅得超脱。你会在佛教教义、其他古代宗教和哲学，以及维克多·弗兰克的《活出生命的意义》(Man's Search for Meaning) 等现代作品中读到类似的观念表述。

你甚至会在莎士比亚的戏剧中找到这种观点，比如哈姆雷特的一句话"世上之事物本无善恶之分，思想使然"，以及老公爵的见解"逆境的用处也可以是甜美的"。

正因为没有人离开你的房间，你才有如此充足的机会来反思自己对他们的反应是如何支配你的行动的。如果你遇到困难就立即自怨自艾，想想可以做出哪些不同的反应。你可能会发现你最大的对手恰恰能成为你最好的老师。

你房间里最昂贵的人

到现在为止，你的笔记本上记下了很多你房间里积极和消极的人的姓名以及相关描述。还没有的话，请再查看这两个名单，并按从最极端到最不极端的顺序有序地列出名单。然后，写下你对他们的深度见解、你和他们的关系，以及他们在你房间里的位置。关于做这个练习，一个稍显挑衅的方法是，在两个极端之间切换：你和谁的家庭关系最差？又和谁的家庭关系最好？其中各自的家庭系统如何运作？你可能会惊讶地发现，打个比方，两者其实都在同一个系统中运作，不过内里的态度或观点完全不同。这对你有什么启示？

在工作或业务上做同样的尝试：列出最糟的人际关系和最棒的人际关系。两者在哪些方面相似？两者在你的房间里相距很远还是相距很近？你要怎样与其中一方划定界限，同时邀请另一方靠近？

你房间里的每个人都是你的老师：
辛西娅的故事

辛西娅·詹姆斯是一位意志坚强的非裔美国女性，她超越了充满暴力与虐待的童年，获得两个硕士学位，担任牧师和传教士，并撰写了诸如《什么将让你自由》(*What Will Set You Free*) ——供监狱中的女性工作坊中使用，以及《揭示你的非凡本质》(*Revealing Your Extraordinary Essence*) 和《我选择我》(*I Choose Me*) 等书籍。

当我第一次听到"谁在你的房间里？"的概念时，我知道自己很难不在意。我的整个身体都在做强烈的反应。我开始翻阅我的内心档案，想到许多我爱的人在我的房间里，也回想起来一些人，如果我意识清醒，应该就不会邀请他们进来。而后，一个小小的念头进入我的脑海："他们都是你的老师。"随之而来的是一个更有力的想法："你真的必须吸取这么多惨痛的教训吗？"哇！多棒的概念。我本可以邀请那种不需要招来笑话、背叛、痛苦和苦难的老师进入我的房间。

让我倒带一会儿。我的童年绝对算不上受到教育的滋养。我的童年充斥着困惑、挣扎、危机与暴力。这似乎天经地义，因为我的祖母、母亲、阿姨、叔叔和堂兄弟姐妹全都过着同样的生活。我从来没有意识到还有其他可能性，还有其他可选项。我学生时代的早期充斥着这样或那样的情绪爆发。在我的孩童时代，我们经常搬家，很难交到朋友。

我记得的第一个真正的朋友是威尼斯。她住在我隔壁，我们经常见面。我迫切希望有一个朋友，所以无论她怎样待我，我都接受。就是挤破头，我也想待在她的房间里。很多次，她卑鄙刻薄，居高临下，残忍得彻头彻尾。有一天，她在学校对我发了火。我们住在明尼苏达州，那里的冬天寒冷严酷，气温已经到了零下。威尼斯拿着我的外套跑回家，留下我在寒风中走了将近一英里（约1.61千米）。当我到家，四肢几乎已经冻僵了，我深感怒意。

我走到她家门前，敲了敲门。她打开门，我用尽全力冲她鼻子来了一拳。她的鼻子开始流血，她尖叫着跑回自己的房间。我走开了，为自己奋起反抗而感到骄傲。今天再回想起这件事，其实这就是我人生中大部分时间的生活方式。我会邀请人们进来，让他们挑衅我，随后又在某个时间点忍无可忍，再创造一些激烈的人生体验。

生活中遭受的虐待、留下的创伤在我的内心播下了自我贬低和怀疑的种子，还留下了以恐惧为基础的思维模式。威尼斯只是我出于绝望而邀请进入自己生活中的先例之一。我非常需要被看到、被听到、被认可和被爱，我一直在寻找并吸引那些对我不好的人。有趣的是，我选择的每个人都反映了我的童年。到二十好几，我开始意识到这样生活不行。我知道某种意义上自己遇上了功能障碍，但我不知道如何改变，所以一路磕磕绊绊，直到有一天，在一个个人发展工作坊里，我找到了自己。

工作坊里的领导者说："你生活中的一切，都是你认为自己应得的。"我惊呆了。怎么可能呢？

我怎么可能认为我自己应该被背叛、羞辱和操纵？他一定说错了。在工作坊结束时，我走近主持人并表达了自己不相信这个观点。他很和蔼地说："你的童年过得很难吗？"我说："是的。"他看着我说："也许，你的童年教会了你对坏事的预期，而你的家人在无意间成为了你的老师。"我起了一身鸡皮疙瘩，也知道他说的是真的。那一刻我开始发现自我的伟大旅程，并下定决心治愈这些旧伤。我努力学习爱自己，创造我小时候梦寐以求的生活。

我也很想告诉你，这是一段轻松的旅程，就是说我一旦得到启示，生活就会立即改变。然而，事实并非如此。整个过程经历了很多年的心理治疗、研讨会、精神层面的探索，也创造了更多有趣的体验。那些年我还是会继续亲青蛙，内心希望着它们其实是王子。我在那些时日里也还是会继续把自己置于感到被利用和误解的境地。当时，我继续把我生活中的挑战归咎于他人。

好消息是，在这段旅程的某个地方，我其实已经在慢慢苏醒了，我开始意识到原本没有人对我做任何事情。这些痛苦的经历是我邀请人们进入我的生活，且从不问我真正需要什么。我开始每次更早清醒一点，意识到这些人和事件确实反映了我对自己的看法以及我认为自己应该得到怎样的对待。我开始明白，拒绝是个可选项，我可以选择自己想要的生活方式。我开始意识到，很多时候我对待自己的方式与我指责别人对待我的方式相同。

虽然我不希望自己童年的痛苦经历发生在任何人身上，但许多经验和教训支撑着我完成现在与人和组织协作的工作。在我生命中的这个时刻，我可以决定谁被邀请进入我的世界。一旦人们进入你的房间，他们就会永远和你待在一起。所有与我相遇的人仍然与我同在。在现实生活中，其中有些人的确仍与我相伴，我们一起成长，互相支持，成为更有意识的人。其他人已经离开，去揭示他们的人生经验和教训。还有一些人，我主动选择远离或要求他们离开，因为我已经不再需要机能失调的关系。

我不相信旧的人际关系一定会跳出来考验我们。然而，我确实相信这些关系存在于我们内心，并提醒我们自己选择了什么。这些都存在于我们的生活和记忆中，影响着我们目前选择的生活方式。

如今，我超乎想象地对自己的生活心存感激且珍惜每一刻。我学会了倾听并相信自己的直觉。我现在的房间有活力，还很活跃。房间里满是努力成长、努力成为变革推动者，还有许多有意识地爱自己、爱他人的人。我有一个充满爱心的丈夫，并和他建立了健康的关系。我们并不总是意见相同，但是尊重一直都在，信任感也日益壮大。我给曾经为我所用但现在已不再必要的人和环境设置了一个感恩室。这是一个可爱的小空间，他们可以舒舒服服地待在那里。但别搞错了，那房间是锁着的，我把钥匙放在心口旁边。

没有什么比你的房间运作良好、万事平衡时更让人心神宁静、贴合个性需求了。通常，这种情况会出现，是因为你已经能够面对房间里正在发生或已经发生了的坏事。辛西娅是一个鼓舞人心的例子，让我们看到了人的意向、自我意识、对自己的诚实和如何坚持稳步创造一个越来越好的房间。

10

Live in Your Flame
Not in Your Wax

活在自己的炽焰里
别囿于凝蜡

　　"谁在你的房间里？"这一理念框架的力量在于，你通过配合这些观念并将其内化为自己的思想，从此专注于将能支撑起你渴望的未来的人和观念带入你的房间。门卫和门房的概念简单却有力地提醒你，你每天都要选择把注意力放在哪里。正如我们的朋友吉宁问的那样，你会用余生中的呼吸来做什么？

　　你可以把自己的权利交给与你共处一室但并不为你着想的人——这些人不认同你的价值观，也不理解你决心想要成为什么样的人、爱什么样的人又或是如何表现的权利。这通常发生在小而渐进的步骤中——为了认可、金钱或某种权利而消磨自己的诚信、正直。

　　你可以选择诚信、正直、互帮互助的生活。你可以让身边的人受益于你的付出，无论是爱、工作、有价值的建议，还是金钱。你可以温柔地（或不那么温柔地）把有毒的人放进密码箱，搁到架子上，为那些滋养你的思想、心灵和灵魂的人创造更多空间。

　　你不需要一直与处处附和你的人在一起。内容最丰富的人际关系有时会搭建于背景或观点迥异的人们之间。这种关系之所以有效，是因为它们建立在关系中的人彼此之间有尊重和友谊的基础上。你也不必在每一点上都认同我们，但我们写了这本书，并向成千上万的人阐述了这个房间理论，因为我们尊重他们自己选择的权利。

　　本书用简单易懂的房间作比喻，重点在于帮你收回权利。这也是在对你的决定负责，同时尊重你的价值观。这是在为积极的一面创造更多的空间，为消极的一面余留更少的空间。

下面的故事说明了我们的观点：一天，一位年轻的美国知识分子拜访了一位亚洲的智慧大师。他问了大师几个关于现实和心灵的本质的问题。每问一个新问题，他都会谈到自己在这个问题上研究过和了解到的所有观点。大师耐心听了几个小时，然后说："我们喝茶吧。"

一个仆人端来了一套精美的茶具，大师在知识分子面前放好茶杯。他开始倒茶，倒到杯子盈满后还在继续倒。茶溢出了杯沿，流到桌子上，大师还在不停地倒。

知识分子跳了起来，喊道："停下，快停下！你没看见杯子满了吗？茶全都浪费了！"

大师回答："是的，你的头脑也满满当当，你得先把它倒空。"

这就是我们所说的创造空间。你的房间存在于比喻，空间可能是无限的，但你在地球上的人生则不然。因为没有人能离开这个房间，你需要把不需要的东西逐渐搬到架子上的密码箱里，为现有的和新的人际关系创造空间，滋养自己。

活在自己的炽焰里

当伊万在BNI的活动或其他聚会上发言时，人们经常请他说出改善生活的简单方法。当然，他分享了这个房间的故事，也分享了平衡的谬误（见下文）。然后他要求人们"活在自己的炽焰里，别围于凝蜡"。人们总能明白他们在生活中的处境——是火焰还是蜡。

当你活在自己的火焰中时，你会感到兴奋。你在做你绝对热爱的事情时，人们可以从你的声音中听出来，从你的行为中看出来。

我们敦促你创造一个房间，在那里你可以生活在自己的炽焰中。你需要做那些给予你欢乐、带给你兴奋的事情，因为你对这些事情本就充满热情。你需要让自己周围也都是能够接受这种火焰、能够燃烧起来的人们。这就是你活在炽焰中的意义。

你也知道自己什么时候被围于蜡中。你说："我得起床去工作了。真讨厌我正在做的事情。生活拖沓无趣，那些我不得不打交道的人将我的生命能量消耗殆尽。"你很容易被其他蜡匠包围。你们都在蜡里做活，你们都讨厌它，抱怨它。但是一切都一成不变，除非你用自己的热情、信念和爱燃尽凝蜡。

伊万解释了蜡可以有多简单：在他创业的早期，他意识到他的蜡的一个组成元素就是会计。他讨厌会计，对财务报表他还算应付得来，但就是不喜欢，所以他雇用的第一个岗位就是会计。会计说，这份工作就是她的炽焰所在。

有一天，会计来找伊万说："这账对不上。"伊万以为会很麻烦，没想到她说："差了5美分。"

她花了两个小时，最终找到了那5美分差在哪里。一个朋友问伊万，他是否责备过她浪费了那么多时间。伊万说："你在开玩笑吗？这就是做那项工作的最佳人选！5美分，她一路追一路找，因为那就是她的火焰！"

在生活和工作的初期，你还没法一直活在自己的火焰中。这就是为什么重塑自我很重要。伊万从管理顾问做起，成了一名企业家，从个体企业家到经营一家国际公司。斯图尔特发起了多种业务模式，当过大公司的顾问，写过书，策划过世界上一些成功的营销活动。道格从图书出版转向杂志出版，又跳槽到美国互联网五十强企业，还在46岁时将自己重塑为一名全职作家。

随着时间的推移，你学着更多地生活在你的火焰中，而不是蜡中，管理自己的房间是朝着那个方向前进的不可或缺的方式，你创造空间专注于那些带来成就感和满足感的活动。你会有时间练习的。

伟大的大提琴家巴保罗·卡萨尔斯在他70多岁的时候被问到为什么他依然坚持每天练习4个小时或更长时间。他回答说："因为我觉得我在进步。"

幸福感与满足感

多年来，我们一直在谈论与幸福感及满足感有关的话题，我们发现：那些说幸福是人类自然呈现的状态的人错了。这一理念曾在人类潜能运动中备受欢迎，至今仍流行于媒体中。但是进化生物学家指出，消极的感觉比积极的感觉更能赋予人动力。这些感觉可能是身体层面的，比如饥饿或寒冷；也可能是情绪层面的，比如恐惧；还可能是精神上的，比如佛教术语"苦"，通常被理解成痛苦，但更准确的描述应该是一种不满足感。换句话说，人类（和其他生物）的基因工事驱使着他们改善处境。当我们饥饿时，我们寻找食物；寒冷时，寻求温暖；惊恐时，寻觅安全之所。

那幸福感呢？我们也追求幸福，但是幸福的本质是转瞬即逝。很快，另一种欲望会出现，我们会感到不满足，再度寻求满足感。追求幸福感本身没有什么错；大多数人的问题在于他们将其理解为一种永久的状态。

我们鼓励你寻求的状态是满足感。物尽其用，充分利用自己的技能、价值观、行动、环境、信念——所有的一切。在属于你的炽焰中，将自己的能力发挥到极致。你会找到满足感，那也是幸福的源泉。

在我儿子的房间里：
伊万的故事 第二部分

打造和谐生活的一部分是关注你房间里最重要的人际关系。这不仅仅意味着和人们共度时光，你和某人相处的方式——你对他们幸福的关注与兴趣——比时长总和更重要。

我在一家航空公司有230万英里（约370万千米）的

常旅客里程，相当于往返月球五次。这意味着在孩子们成长的那些年里，我去过很多地方。我在工作和家庭之间没能做到平衡，我试图过一种和谐的生活，让我关心的事情，包括工作和家庭，同等重要。

我儿子17岁的那一天，我们坐在大屏幕电视机前玩《光环》游戏。突然，我问他："嘿，在你成长的过程中，我在你身边陪伴你的时间够吗？"

儿子从屏幕上移开视线，说："你一直都在！"

我说："不知道你是否注意到了，我每隔一周就出去一次，至少三四天，有时一周。"

他说："是啊，没错，我知道，我都知道。"他补充道："我同样不知道你是否注意到了，当你在这里的时候，你的的确确是在这里的。我们现在可以回到游戏上了吗？"

在别人的房间里，事情就是这样。

求和谐，不求平衡

如果你和大多数人一样，在某个时间点——甚至可能就是今天——你考量着想要在生活中收获更好的平衡。在这个疯狂、忙乱、技术驱动的社会中，平衡是许多人时时刻刻都在关心的问题。

你想学习平衡的秘诀吗？告诉你：忘记平衡，这只是一种错觉。平衡的理念假定我们在生活的所有或大部分领域花费等量的时间。这意象就像正义的天平，那里一切都是完全平衡和平等的。平衡的概念暗示着我们每周必须花一定比例的时间在生活中的每一件重要的事情上。

这样做的问题是，很多人无法让实践这一点成为例行事项。我们往往过着忙碌的生活，很难适应这种模式。

但是有好消息。我们建议当你在房间里生活时，努力寻求和谐，而非平衡。

这不仅仅是关乎语义，这是看待生活的另一种方式。虽然生活不可能完全平衡，但创造一种与你的价值观、你是谁，以及你想做什么的愿景相和谐的生活还是可能实现的。如果你分开来看，即使是作为和谐常见象征的阴阳（如图2）也失去了平衡。两半各自呈泪珠状，如果你将两者分离，它们会翻倒，会失去平衡。

但合在一起后，它们实现了和谐。这种理解的关键点在于，不要再强调你是否拥有完美平衡，相反，你应当更加深思熟虑地做出选择，管理工作产能、游玩娱乐、家庭生活，以及你想要的完整生活中的一切。

心理学家和治疗师大多认同意识具有治疗作用。在这种情况下，我们认为，如果你意识不到给你带来深刻满足感的人和活动，你可能无法在你的房间里留住和谐。

为了把和谐带进你的房间，你可以找个安静小坐

图2. 阴和阳

的地方，手边放一支笔和一张纸。你也可以轻轻闭上眼睛，然后将意识集于你呼吸的过程，这可能会帮到你。接着开始回顾你一生中最有活力的时刻——当你生活在自己的炽焰里时。

问自己以下问题：

⊙ 当我感觉最有活力的时候，我在做什么？和谁在一起？

⊙ 我在哪些时刻由于全情享受忘记了时间？

⊙ 我最期待做什么？

⊙ 是什么让我感到充盈和满足？

⊙ 我什么时候感到最自豪？是只有我自己还是和某

个人在一起时？

这里的目标很简单：确定生活中让你感到活力、满足或充盈的人及活动和项目。

为了使这个练习更进一步，你也可以写一段文字，记录每项让你感受到活力的活动，那看起来又会如何？

尽可能绘声绘色地描述每项活动，花些时间思考更充分、更频繁地体验每项活动会是什么情景。你可能会对自己的发现颇为惊讶。我们的一个朋友在开始管理自己的房间时意识到，最能赋予她活力的并非与那些企业高管之间的华丽约会，也不是他们带她坐飞机观赏异域风情；相反，赋予她活力的是一段与某位消防员之间有深度也有意义的人际关系，那位消防员现在是她的丈夫。重点不在于诱惑力，而在于人际关系。

和谐生活

除了有意识地管理哪些人可以进入你的房间之外，我们还开发了一些方法来辅助自己——和你——生活在一个遍布和谐的房间里。这些简单策略的力量会改变你的房间和生活，但你必须行动起来，让改变发生。把它们写下来，每天用作参考，直到它们成为你日常生活的一部分。我们在书中各部分都提到了其中的一些，这是可实践的简短的最佳清单。

活在当下

关于在你的人生中创造和谐，"活在当下"这个简短的词语力量非凡。无论你在哪里，都要全神贯注。如果你在工作，就不要纠结前一天晚上你没能花时间和家人待在一起，或者又本该和你的配偶或伴侣一起做点什么。当你在家的时候，就不要想回到办公室之后必须完成的工作。无论你在哪里，都要心无旁骛、全心全意地在那里。这个意味深长的真理值得研究，许多书籍都是在探讨这个话题。

富有创造力地管理你的时间

如果你的工作中有一个大项目必须完成，但你晚间还是想与家人共度时光，那就发挥创造力。我们知道有人利用家人入睡后的时间写了他的第一本书：他晚上和家人待在一起，当大家都睡着后，他开始撰写并最终完成了那本书，而且还没有占用留给家人的时间份额。我们也知道一些父母深谙如何在孩子打盹的那一刻从育儿模式切换到工作模式。在探索用何种方法完成你需要做的事情时，要有创造力和创新性，但也要允许自己和那些给你生活带来和谐的人共度时光。记住，许多任务和项目的时间都有限，除非你愿意，否则你不必每一次都依赖这种创造力。

整合你的生活元素

多年来，伊万每年都会花几周或更长时间在山里的湖滨小屋远程工作。在那段时间里，他正常工作，也可以和家人在度假环境中共享高质量的美好时光。有时，他会让他的员工和管理团队到他那儿进行短暂的静修和办公。这是将工作日常融入休闲环境的好办法。住在湖滨小屋的最后一周，他会专门花时间和家人在一起，不再想工作的事情。

注意，我们不是在说你每次休假期间都得工作。我们想要建议的是，有些时候，有意识地整合不同方面的活动是有意义的，这样你的房间就能更加和谐。尽可能切实可行地寻找整合各种生活元素的方法，然后有意识地去实现。

练习放手，练习坚持

与眼下流行的观点相反，我们认为人不可能鱼与熊掌两者兼得，生活需要做出选择。练习理解什么事情你该拒绝并且放手，同时，想想你生活中真正重要的是什么，然后尽你所能地坚持下去。

创造余地

当今人们生活的忙碌程度令人咋舌。只要你没反对，总会有人占用你生活中的每一段空闲时间，所以创造留有余地的生活十分重要。在你的日常生活的余地里打造自由时间、家庭时间和个人时间。在我们认识的人中，有人会每天晚上和妻子一起喝酒，他们会坐在门廊里品味一杯葡萄酒，谈论这天各自过得怎么样，也看看大自然。无论生活的面貌如何，如果你不规划它，它就根本不会存在。如果你没记在日程上，你就不会去健身房。我们保证，当你有创造余地时，你会更幸福。放松也是需要提前安排好日程的。

执行边界

我们打赌，你没在生活中严格执行你想要的边界。更糟的是，我们几乎可以肯定，你不常告诉别人这些边界到底在哪。你需要你的门卫和门房向在你房间里的人传达这些边界的存在，然后留心守护。不要为边界的存在而道歉，当人们想要越过边界时，也不要生气。为什么？因为人们的越界难以避免。简单、清楚且礼貌地陈述自己的边界在哪，然后坚守阵地。去吧，试一试，你的门卫和门房有权创造你梦想中的房间。

为虚拟导师腾出空间

除非你正在遵循当前或理想的价值观，否则你就无法达到和谐。你房间里的虚拟导师可以帮助你实现这些理想的价值观。尽管现实中的导师很出色，但有时候还不够。作为支持终身学习的人，我们相信一间充满和谐的房间肯定留有个人与职业发展的空间。

有时你的视线必须越过已经在你房间里的人和等待进入的人，继而寻找虚拟导师，尤其是那些与你的理想目标和价值观相似的导师。虚拟导师可以是你在面对面环境之外发现的任何值得你学习的人，他们可能在书籍、播客、博客和在线视频中等待你发现。

我们鼓励你花点时间想想，自己的哪些价值观是属于理想层面的，然后列出清单记下需要哪些人合作以及哪些事物，比如某种类型的知识或技能，由此你会更接近能反映出这些价值观的生活。这个反映的过程有助于你辨别哪些类型的虚拟导师会让你受益，让你过上想要的生活。没有什么能取代你房间里真正的导师。不过，虚拟导师也可以帮助你有意识地设计自己的房间，而这些导师会以你目前可能难以想象的方式影响你。

和谐的生活本质上意味着让自己从选择一项活动

而不是另一项或选择一个人而不是另一个人而产生的负罪感中解脱出来。内疚对和谐来说是个绊脚石，把你的内疚装箱，扔到房间里最高的架子上去。

房间的概念代表着从无意识到有意识的决策过程——我们已经给了你一个框架，供你重置自己的心态，能有意识地构建你想要的、充满和谐的生活，而不仅仅是让事情随波逐流。

事实是，等你70岁的时候，你不会希望自己过去多花些时间做不喜欢的事情，或者与不喜欢的人在一起浪费时间。与其一路追求恒久、遥不可及的平衡，不如专注于为自己的房间创造和谐。要有创造力，找到契合你的生活的理念。腾出时间，努力创新。平衡可能难以捉摸，但和谐却实现在望。在人们寻求和谐的地方，和谐会被创造出来。

"谁在你的房间里？"背后的观念允许你为满足感创造空间。我们已经写了很多关于你房间里有毒的人的内容，因为他们占用了太多空间，你必须着手解决他们，但这不是一个消极的比喻。当你把糟糕的人际关系移得远些时，你会敞开心扉，将更多的时间和注意力投入向善的人际关系上。当你深思熟虑让谁进入你的房间、何时可以进、为什么可以进，对于需要你并且爱你的人来说，你会变得更专注可亲。也包括你自己。

记住：你就是房间的策展人。

这是最后一个练习：再将你的房间可视化一次。让它尽可能清晰，然后你要看到自己就在那里。如果你愿意，可以把你的房间画出来，或者写下它有哪些外形方面的特征。你可以把它想象成一个简单的空房间，或者只能通过唯一一扇门进入的海滩或峡谷。你的房间可能会随着时间的推移而发生外形上的变化，但是记住，那扇门上仍然写着"没有出口"。纵贯本书中的考量、练习和故事，留心观察你的房间是如何发生变化的。想象你在这个房间里的新立场和态度，以及不一样的行为模式。

在这个房间里，你感觉如何？让这种感觉引导你在人生中的每一个角落实现更美好的和谐。

图书在版编目（ＣＩＰ）数据

　谁在你的房间里？ / （澳）斯图尔特·埃默里，（美）
伊万·米斯纳，（美）道格·哈迪著；闫茗译. -- 杭州 ：
浙江教育出版社，2024.3
　ISBN 978-7-5722-6809-0

　Ⅰ．①谁… Ⅱ．①斯… ②伊… ③道… ④闫… Ⅲ.
①人际关系学－社会心理学－研究 Ⅳ．①C912.11

　中国国家版本馆CIP数据核字（2023）第231657号

引进版图书合同登记号　浙江省版权局图字：11-2023-393

谁在你的房间里？
SHUIZAI NIDE FANGJIANLI?

[澳] 斯图尔特·埃默里　[美] 伊万·米斯纳　[美] 道格·哈迪　著　闫茗　译

总 策 划	李 娟	执行策划	邓佩佩
责任编辑	王晨儿　苏心怡	美术编辑	韩 波
责任校对	傅美贤	营销编辑	张 妍
责任印制	曹雨辰	装帧设计	潘振宇

出版发行　浙江教育出版社（杭州市天目山路40号 邮编：310013）
印　　刷　北京盛通印刷股份有限公司
开　　本　880 毫米×1230 毫米 1/32
印　　张　6.5
字　　数　125 000
版　　次　2024 年 3 月第 1 版
印　　次　2024 年 3 月第 1 次印刷
标准书号　ISBN 978-7-5722-6809-0
定　　价　45.00 元

如发现印、装质量问题，请与印刷厂联系调换。联系电话：15901363985

人啊，认识你自己！